山东省高等学校青创科技支持计划(2021RW021)

外部融资视角下财税政策
对中小企业创新绩效影响的研究

**Research the Impact of Fiscal and Tax Policies
on the SMEs Innovation Performance from the Perspective of External Financing**

郭景先　杨化峰　著

中国财经出版传媒集团

经济科学出版社
Economic Science Press

·北京·

图书在版编目（CIP）数据

外部融资视角下财税政策对中小企业创新绩效影响的研究／郭景先，杨化峰著． -- 北京：经济科学出版社，2024.5

ISBN 978 - 7 - 5218 - 4429 - 0

Ⅰ.①外… Ⅱ.①郭… ②杨… Ⅲ.①财政政策 - 研究 - 中国 ②税收政策 - 研究 - 中国 Ⅳ.①F812.0 ②F812.422

中国国家版本馆 CIP 数据核字（2023）第 012286 号

责任编辑：杜　鹏　郭　威
责任校对：孙　晨
责任印制：邱　天

外部融资视角下财税政策对中小企业
创新绩效影响的研究
WAIBU RONGZI SHIJIAOXIA CAISHUI ZHENGCE DUI ZHONGXIAO QIYE
CHUANGXIN JIXIAO YINGXIANG DE YANJIU

郭景先　杨化峰　著

经济科学出版社出版、发行　新华书店经销
社址：北京市海淀区阜成路甲 28 号　邮编：100142
编辑部电话：010 - 88191441　发行部电话：010 - 88191522
网址：www. esp. com. cn
电子邮箱：esp_bj@ 163. com
天猫网店：经济科学出版社旗舰店
网址：http://jjkxcbs. tmall. com
固安华明印业有限公司印装
710×1000　16 开　12 印张　190000 字
2024 年 5 月第 1 版　2024 年 5 月第 1 次印刷
ISBN 978 - 7 - 5218 - 4429 - 0　定价：98.00 元
（图书出现印装问题，本社负责调换。电话：010 - 88191545）
（版权所有　侵权必究　打击盗版　举报热线：010 - 88191661
QQ：2242791300　营销中心电话：010 - 88191537
电子邮箱：dbts@ esp. com. cn）

前　　言

随着我国经济发展进入高质量发展阶段，"十四五"规划明确提出，强化企业创新主体地位，促进各类创新要素向企业集聚；发挥大企业引领支撑作用，支持创新型中小微企业成长为创新重要发源地。科技型中小企业是培育发展新动能、推动高质量发展的重要力量，其发展对科技成果转化、扩大就业、优化资源配置和实现经济转型具有重要作用。近年来，我国科技型中小企业得到长足发展，但仍面临融资渠道不顺畅、创新能力待加强、服务体系待完善等诸多问题。如何提高科技型中小企业创新能力、优化融资环境迫在眉睫，其中通过财税政策调控融资环境是政府引导和激励科技型中小企业创新发展的重要举措之一，其效果如何？对科技型中小企业的外部融资和创新绩效是否起到积极作用？对这些问题进行研究，有助于相关部门优化财税政策，促进科技型中小企业成长壮大，为创业创新助力。

基于上述现实背景，研究财税政策、外部融资与创新绩效之间的关系具有重要的理论意义和实践意义。理论上，本书利用博弈分析政府财税政策、外部资金供给者、科技型中小企业之间的相机行为选择，丰富宏观政策对微观行为影响的有关理论；根据科技型中小企业不同生命周期的融资特点和创新特点，分析财政政策和税收政策在不同生命周期的作用，可以拓展金融周期理论；通过分析外部融资对财税政策影响创新绩效的中介效应，弥补财税政策对创新绩效作用机理的研究不足。实践上，本书利用天津市科技型中小企业问卷调查数据，实证检验财税政策、外部融资与创新绩效之间关系，为财税政策对企业外部融资和创新绩效的影响提供事实依据。本书的研究结论和对科技型中小企业的调查分析，为完善财税政策体系、提高政策执行效率、提升科技型中小企业外部融资与创新绩效提供参考。

本书从分析财税政策对科技型中小企业外部融资的影响开始，以融资结构理论、信贷配给理论以及金融周期理论为理论支撑，采用博弈分析法和归纳逻辑分析法，对财税政策与外部融资的逻辑关系以及产权性质与生命周期对财税政策影响外部融资的调节效应进行分析。本书利用调查数据，采用比较分析法和回归分析法，对财税政策影响科技型中小企业外部融资进行实证研究。结果表明，获得财税政策支持能够增加科技型中小企业的外部融资，且财政政策效果好于税收政策；产权性质与生命周期对财税政策影响外部融资具有调节效应。

随后就财税政策对科技型中小企业创新绩效的影响进行分析。本书以创新动力理论、创新的市场失灵理论、俘获理论、激励性规制理论为理论基础，采用博弈分析法和归纳逻辑分析法分析财税政策对创新绩效的影响，以及产权性质与生命周期对财税政策影响创新绩效的调节效应；借鉴已有文献研究，采用频次统计法构建创新绩效指标体系，运用主成分分析法对企业创新绩效进行综合评价；在此基础上，回归分析财税政策对创新绩效的影响。结果表明，财政政策和税收政策对提升科技型中小企业的创新绩效具有显著效果，税收政策对创新绩效的影响大于财政政策；产权性质与生命周期对财税政策影响科技型中小企业创新绩效具有调节效应。

最后就外部融资对财税政策影响创新绩效的中介效应进行研究。根据财税政策的信号效应和认证效应、外部融资的治理作用和监督作用，分析外部融资与创新绩效的关系，以及外部融资对财税政策影响创新绩效的中介效应。利用调查数据进行了实证分析，结果表明，外部融资能够促进企业创新绩效的提升；采用逐步检验法和 Sobel 法，研究表明，外部融资在财税政策与创新绩效之间具有部分中介作用。根据实证分析结论与调研资料，对政策制定者、政策执行者以及企业提出建议。本书可为财税政策优化、提高政策执行效率、提升科技型中小企业外部融资能力和创新绩效提供参考。

　　总之，以非上市的科技型中小企业为研究对象，利用调查问卷获得原始数据，研究财税政策、外部融资与创新绩效之间的关系是对现有研究内容的拓展；依据创新动态过程构建创新绩效指标体系，可以丰富创新绩效评价理论；对财税政策、外部融资与创新绩效进行理论分析和实证研究，既丰富了宏观政策影响微观行为的理论，也为宏观政策有效性提供经验依据。

郭景先

2023 年 10 月

目　录

| 第一章 |

导　　论

第一节　研究背景

　　中国经济已由高速增长阶段转向高质量发展阶段，"十四五"规划提出：坚持创新驱动发展，全面塑造发展新优势；强化企业创新主体地位，促进各类创新要素向企业集聚。科技型中小企业技术含量高、创新能力强，是极具活力和潜力的创新主体，是强化企业创新主体地位的重要力量，其发展对创新能力提升、资源配置以及实现经济创新转型等具有重要战略意义。但长期以来，科技型中小企业发展面临创新能力有待加强、创业环境有待优化、服务体系有待完善、融资渠道有待拓宽等问题，尤其是面临严重的融资困难。

　　科技型中小企业融资难，一方面是由于科技型中小企业是以技术创新为核心竞争力的经济主体，其技术创新具有较高认知壁垒，外部资金供给者对技术水平认知不足，导致技术创新的真实价值与估计价值严重不匹配（Berger，1998），再者，制度体系的不完善导致科技型中小企业对创新信息的过度保密和隐藏，使得外部资金供给者无法获得企业有价值的信息（李莉，2015）。另一方面是由于科技型中小企业的技术创新具有较高风险，未来收益不确定性较大，"轻资产、重科技"的特点导致实物资产少，而信贷机构偏好实物抵押以防范信贷风险，因此，外部债务融资约束严重。在权益融资方面，由于上市门槛限制，大多数科技型中小企业无法取得上市资格，只能尝试通过私募股权、产权交易、风险投资获得权益融资。然而私募股权或风险投资的资金退出方式主要有上市、售出或并购等，但长期以来，我国资本市场还不是很完善，缺乏有效的退出机制。私募股权或风险投资的资本退出渠道不畅，从而大多数私募股权或风险投资介入以相对成熟的中小企业中后期为主，因此，科技型中小企业权益融资以自有资金为主，外部权益融资困难。在外部债务融资和外部权益融资受到严重困扰的情况下，科技型中小企业的创新投资就无法得到保障，较多的创新项目只能搁置，因而科技型中小企业融资难成为制约其创新发展的瓶颈。

创新投资是科技型中小企业创新发展的基础和保障，然而由于融资困难导致创新投资不足。另外，创新投资的周期长、风险高也抑制了企业创新投资的积极性和主动性。国家统计局的统计数据显示，2022 年我国共投入研究与开发（R&D）经费 30 782.90 亿元，经费投入强度［经费投入与国内生产总值（GDP）之比］为 2.55%，连续 7 年保持两位数增长，并再创历史新高①，自 2013 年起中国的 R&D 经费投入一直稳居世界第二位。从我国研发主体结构来看，如图 1.1 所示，我国研发投入逐年增加，企业一直是我国研发投入的重要主体。2011~2020 年企业研发投入占总研发投入的比重年均在 75% 左右，且以大中型工业企业研发投入为主，2010~2016 年大中型工业企业研发投入占企业研发总投入的年均比重在 70% 以上，2017~2020 年该比重逐年下降，2020 年为 57%。然后从图 1.2 中可以看出，发明专利受理量主要以国内申请为主，企业是最大的申请主体，但是大中型工业企业发明专利申请量明显占比不高，这与大中型工业企业研发投入占比不对称。由此推理可知，在我国整体研发投入总额中大中型工业企业研发投入占比较大的情况下，我国科技型中小企业的研发投入占比较小，这也反映了我国科技型中小企业研发投入不足的现状。然后从专利受理量来看，大中型工业企业的发

---

① 该信息可以从国家统计局官网中查询得到。

明受理量占比不高，这也反映出我国科技型中小企业是发明专利申请的重要主体。因此，从创新投入与创新成果产出来看，科技型中小企业创新效率较高，但是创新投入不足，严重阻碍了其创新发展。

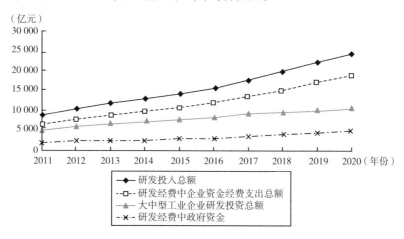

图 1.1 2011～2020 年研发投入总额

资料来源：笔者依据国家统计局统计数据自行绘制。

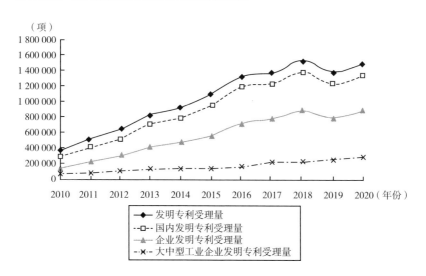

图 1.2 2010～2020 年发明专利受理量

资料来源：笔者依据科技部统计数据自行绘制。

科技型中小企业作为重要的创新主体，兼备了"科技型"和"中小型"

两大特点。从"科技型"来看表现为其创新程度高，需要较大的前期投入，但创新投资回收期长，需要持续的资金保障，因此，具有资本需求特点；从"中小型"来看表现为企业规模较小，特别是科技型中小企业普遍处于初创期或成长期，创新产品正处于市场推广阶段，没有形成知名品牌，企业未来收益不确定性较大，具有"高风险"的特点。这两种特点导致科技型中小企业在创新发展过程中的融资问题和创新投资不足问题。

如何拓宽科技型中小企业的融资渠道，缓解融资困难，从而促进创新投资，是科技型中小企业发展的重中之重，也是各国政府最为关注的问题。财政政策和税收政策是世界各国普遍用于调控融资环境和促进创新的重要措施，这两类政策的作用既具有共同性又有差异。财政政策和税收政策均具有矫正企业创新的外部性、分担企业创新风险、降低企业创新成本等作用（戴晨和刘怡，2008）。财政政策和税收政策的差异主要体现在以下方面：在对企业资金支持上，财政政策通过项目资助、科技奖励、采购、补贴等方式直接给予企业资金扶持，而税收政策主要采用费用扣除、加速折旧、税率优惠等方式间接给予企业资金支持；在服务对象上，财政政策更具有针对性，如项目资助，要通过严格的审核程序选择出具有发展潜力、创新水平高的项目，而税收政策只能对某一类产业或某一类业务进行税收优惠，如研发费用加计扣除、高新技术产业税收优惠等；在市场的干预程度和公平性上，税收优惠政策在市场干预、管理成本、灵活程度等方面优于财政政策，而财政政策在公平性、有效性方面则效果更好。

基于上述现实背景，我国政府一方面通过财政政策直接扶持创新能力强、发展潜力大的科技型中小企业；另一方面通过税收政策激励和引导科技型中小企业加大创新投入，提升创新绩效。在财税政策的激励和引导下，我国科技型中小企业融资难问题是否得到了缓解呢？科技型中小企业的创新绩效是否得到了提升呢？为了分析和检验这些问题，本书以非上市的科技型中小企业为研究对象，通过调查问卷获得原始数据，研究我国财税政策、外部融资与创新绩效之间的关系。首先，理论分析和实证检验财税政策对科技型中小企业外部融资以及创新绩效的影响，以及财政政策与税收政策的效果差异；其次，分析产权性质和生命周期因素对财税政策影响外部融资与创新绩效的作用。

第二节　研究目的与意义

一、研究目的

本书总体目的为：立足于中国现实制度背景，以财税政策为切入点，揭示财税政策影响科技型中小企业外部融资和创新绩效的理论逻辑，并为之提供经验证据，具体包括三个子目标。

（一）揭示财税政策对科技型中小企业外部融资的作用

依据外部融资的信息不对称理论、非均衡信贷配给理论以及金融周期理论，采用博弈分析法和归纳逻辑分析法，理论分析财税政策对科技型中小企业外部融资的影响，进一步厘清企业产权性质、生命周期对财税政策与外部融资之间关系的调节效应。然后利用科技型中小企业的调查数据，采用回归检验法、比较分析法对财税政策与外部融资之间的关系进行实证检验。根据理论分析与实证检验的结论揭示财税政策对企业外部融资的作用。

（二）揭示财税政策对科技型中小企业创新绩效的作用

基于科技型中小企业创新绩效的创新动力理论、市场失灵理论，以及财税政策的公共利益理论、俘获理论和激励性规制理论，分析财政政策和税收政策对科技型中小企业创新绩效的影响，以及产权性质与不同生命周期对财税政策影响创新绩效的调节效应。然后在借鉴相关文献研究的基础上，构建创新绩效指标体系，采用主成分分析法对创新绩效进行综合评价。在此基础上，实证检验财税政策对创新绩效的影响。根据理论分析与实证检验的结论揭示财税政策对科技型中小企业创新绩效的作用。

（三）揭示外部融资在财税政策与创新绩效之间的中介作用

在上述两个目标分析完成的基础上，理论分析外部融资对创新绩效的影响，以及外部融资在财税政策与创新绩效之间的中介作用机理，然后根据调查数据进行实证检验，从而得出相应的结论，为外部融资对财税政策影响创新绩效的中介作用提供经验证据。

二、研究意义

（一）理论意义

1. 本书通过信号传递博弈和不完全信息博弈分析财税政策、外部融资与企业创新绩效之间的相机行为选择，丰富宏观政策对微观行为影响的理论。依据财税政策相关理论、融资相关理论，以及创新相关理论分析财税政策、外部融资与创新绩效之间的影响机理，为研究财税政策对科技型中小企业创新发展的引导和激励作用提供理论依据。

2. 根据科技型中小企业生命周期各阶段融资需求和创新特点，分析财税政策对不同生命周期企业外部融资和创新绩效的影响差异，并通过实证检验提供事实依据，丰富金融周期理论。

3. 通过外部融资在财税政策与创新绩效之间中介作用的理论分析，丰富财税政策认证效应的理论。外部融资是科技型中小企业创新发展的瓶颈，一方面通过财政资助或税收减免等方式对科技型中小企业提供直接资金支持，另一方面通过认证效应对企业外部融资起到杠杆作用。因此，通过本书研究，拓展了与财税政策相关的研究内容，并丰富了外部融资影响因素理论。

（二）实践意义

财税政策效果最终需落实到企业行为和发展上，科技型中小企业创新是驱动其发展的重要力量。然而，由于科技型中小企业外部融资难、创新投资不足，导致其发展不顺畅。通过财税政策对宏观融资环境的调整、对微观主体的引导和激励，从而促进科技型中小企业成长壮大。因此，研究财税政策、外部融资与创新绩效之间的关系具有一定的实践意义。本书的实践意义体现以下三个方面。

1. 有利于科技型中小企业提升创新绩效，缓解外部融资问题。科技型中小企业创新是一个复杂系统，需要从企业多方面全方位地构建指标，才能正确评价企业创新绩效。本书根据企业创新动态过程构建创新绩效指标体系，并运用主成分分析法对创新绩效进行综合评价。依据综合评价结果，找到创新过程中的不足，从而有利于提升科技型中小企业创新绩效。另外，本书理论分析和实证检验了生命周期对财税政策影响外部融资和创新绩效具有调节效应，有利于科技型中小企业根据所处生命周期有针对性地选取更为适宜的财税政策，更好地发挥政策的认证作用，缓解外部融资问题，促进创新投资，从而有利于提高创新绩效。

2. 有利于政策制定者完善和改进财税政策，更好地为科技型中小企业服务。世界各国普遍采用财税政策调控融资环境，促进企业创新发展。一方面通过财政资助或税收减免给予科技型中小企业资金支持，并引导社会资金投向科技型中小企业；另一方面通过对创新项目进行资助、对创新成果给予奖励或对创新投入进行税收减免等财税政策措施激励企业创新发展。那么财税政策对科技型中小企业的外部融资和创新绩效效果如何？本书通过调查问卷获得科技型中小企业数据，实证检验财税政策的效果，旨在总结我国财税政策对科技型中小企业外部融资与创新绩效的成绩和经验、存在问题与制约因素，为完善财税政策提供有价值的参考与政策建议。

3. 有利于外部资金供给者更好地进行投资决策。科技型中小企业融资难的主要原因是信息不对称，外部资金供给者对企业真实价值不能正确估计。通过本书的研究，获得财税政策有效性的结论，为外部资金供给者提供可参考的有用信息。根据企业所处的生命周期以及获得财税政策支持情况判断企业风险程度，从而有利于外部资金供给者投资决策的制定。

第三节　研究内容、研究方法与研究思路

一、研究内容

本书先对科技型中小企业、外部融资、财税政策以及创新绩效概念进行了界定，结合创新相关理论、融资相关理论以及财税政策相关理论，分析财税政策对科技型中小企业外部融资与创新绩效的影响，梳理财税政策、外部融资与创新绩效之间的逻辑关系。然后利用科技型中小企业的调查数据进行实证检验，在此基础上提出相应的政策建议以及未来的研究方向。本书主要研究内容有以下几部分。

（一）财税政策、外部融资与创新绩效的现状分析

通过与政府相关部门、科技型中小企业的座谈、访谈和问卷调查，了解科技型中小企业外部融资现状、财税政策的落实与执行情况，发现财税政策实施中存在的问题，为财税政策对科技型中小企业外部融资和创新绩效的研究奠定了实践基础。

通过文献检索、分类整理与归纳分析等方法对国内外 200 余篇相关文献进行学习和回顾。根据研究内容进行分析梳理，发现财税政策与创新绩效的相关研究主要以国家、行业、区域或上市公司为研究对象，创新绩效多采用单指标进行测度，缺乏系统性、针对性和全面性。对财税政策与外部融资之间关系的研究相对较少，更缺乏对外部融资在财税政策与创新绩效之间中介效应的研究。

（二）相关概念界定和理论基础

清晰的概念界定是保证研究对象准确性的基础，本书通过文献法和理论分析法，梳理有关的政策文件和研究文献，对科技型中小企业、外部融

资、创新绩效、财税政策的概念进行界定。然后依据创新动力理论和创新的市场失灵理论阐述企业创新的影响因素以及创新存在的风险；通过融资结构理论、信贷配给理论以及金融周期理论解释科技型中小企业外部融资难的原因和不同生命周期企业融资特点；通过公共利益理论、俘获理论以及激励性规制理论阐述财税政策制定的意义。这些概念界定和理论基础，为财税政策、外部融资与创新绩效三者之间的影响机理分析夯实了理论基石。

（三）财税政策与外部融资的理论分析和实证分析

根据财税政策相关理论与融资相关理论，采用博弈分析法和归纳逻辑分析法，理论分析财税政策对科技型中小企业外部融资的影响，以及产权性质与生命周期对财税政策影响外部融资的调节效应。通过调查问卷设计和样本选择，筛选出有效样本，并描述性分析样本分布与科技型中小企业融资情况。在此基础上，采用回归分析法检验财税政策对外部融资的影响，以及产权性质与生命周期的调节效应。

（四）财税政策与创新绩效的理论分析和实证分析

根据创新的市场失灵理论、俘获理论、激励性规制理论，采用博弈分析法和归纳逻辑分析法，对财税政策与创新绩效之间的关系进行理论分析，并提出相应的研究假设。然后，采用理论分析法和频次统计法构建创新绩效指标体系，运用主成分分析法对创新绩效进行综合测度。以创新绩效为被解释变量，以财税政策为解释变量，在控制其他变量影响下，实证分析财税政策对创新绩效的影响，并检验产权性质与生命周期对财税政策影响创新绩效的调节效应。

（五）外部融资对财税政策影响创新绩效的中介效应理论分析与实证分析

根据融资结构理论以及债务融资的治理效应分析外部融资对科技型中小

企业创新绩效的影响；根据财税政策的信号效应以及外部融资的监督作用分析外部融资对财税政策影响创新绩效的中介效应。利用调查数据，采用回归分析法检验外部融资对企业创新绩效的影响；然后采用逐步检验法和 Sobel 法检验外部融资对财税政策影响创新绩效的中介效应。

（六）研究结论和建议

在财税政策、外部融资与创新绩效的理论分析和实证分析的基础上，总结研究结论。根据研究结论以及调查资料分别对政策制定者、政策执行者以及企业提出相应的建议。最后阐述了本书研究的局限性和未来展望。

二、研究方法

本书采用调查研究、理论分析、实证分析、比较分析等多种研究方法。理论研究中，在借鉴已有文献研究的基础上，运用相关的基础理论知识，分析财税政策对科技型中小企业外部融资与创新绩效的作用机理；以归纳、演绎等研究方法为基础，辅以博弈分析，提出研究的主要问题和理论分析框架。实证研究中，通过调查问卷获得数据，采用回归分析法、比较分析法等进行检验分析。本书主要采用的研究方法有以下几种。

（一）博弈分析法

首先，通过信号传递博弈分析政府与外部资金供给者之间的关系，为分析财税政策是否具有信号效应提供理论依据；其次，通过不完全信息博弈分析政府政策对企业行为的影响，为财税政策对企业创新具有激励和引导作用提供支撑。

（二）调查问卷法

本书研究对象是非上市的科技型中小企业，我国目前无论是中央各部门还是各级地方机构均没有对科技型中小企业的统计标准和具体的统计数据，因此，本书的研究没有可采用的数据资源。而非上市的科技型中小企业是创新的重要主体，以科技型中小企业为对象研究财税政策、外部融资与创新绩效之间关系具有更重要的意义，为此，本书采用问卷调查的方法获得相关原始数据。

（三）主成分分析法

已有研究文献分析财税政策对创新绩效的影响，主要从单一方面衡量创新绩效，具有片面性。本书从创新投入、创新产出、创新转化以及创新业绩等多个环节构建创新绩效指标体系，采用主成分分析法综合测度科技型中小企业的创新绩效。

（四）回归分析法

通过调查问卷获得数据，采用回归分析法，检验财税政策与外部融资的关系、外部融资与创新绩效的关系以及外部融资在财税政策与创新绩效之间的中介作用，得出财税政策、外部融资与创新绩效的研究结论。

三、研究思路

首先，采用资料收集、文献回顾等方法归纳梳理与本书研究主题相关的文献，了解该领域研究的进展，对科技型中小企业、外部融资、创新绩效、财税政策的概念进行界定，并阐述本书相关的基础理论；其次，采用博弈分析法、文献调研法分析财税政策对外部融资和创新绩效的影响，并运用比较分析法和回归分析法进行实证分析；再次，理论分析外部融资对创新绩效的影响，以及外部融资在财税政策与创新绩效之间的中介效应，并采用回归分析法、逐步检验法和 Sobel 法进行实证分析；最后，根据理论分析与实证分析结论提出有针对性的政策建议。

第四节　研究的重点、难点及创新之处

一、研究的重点和难点

（一）财税政策、外部融资与创新绩效的理论分析是本书重点内容

财税政策对科技型中小企业外部融资与创新绩效是否具有重要影响，以及外部融资对财税政策影响创新绩效的中介作用需要理论阐释，据此提供三者之间的逻辑关系，也是本书理论分析框架和创新绩效指标体系构建的重要依据。

（二）数据获取是本书的难点

财税政策对科技型中小企业外部融资与创新绩效的影响是否得到客观、正确的评价，取决于评价路径的设计以及数据可获得性和数据准确性。因此，构建一个科学、合理的衡量指标体系，是本书进行研究的关键环节。非上市的科技型中小企业原始数据通过调查问卷的方式获得，多数指标涉及企业资产负债表以及利润表，企业接受调查的积极性不高，这是本书研究过程中的一个难点。

（三）实证分析模型和方法的选择既是本书的重点也是难点

研究方法是解决研究问题的具体手段，财税政策对科技型中小企业外部融资与创新绩效影响的实证分析需要严谨的计量经济分析方法，而创新绩效的综合测度需要根据理论分析与研究对象选择合适的多指标综合评价方法。虽然研究方法众多，但是每种方法都有各自的优点和缺点。因此，选择能够较为准确地研究并检验本书问题的模型和方法，既是本书的重点也是难点。

二、创新之处

与上市公司相比，研究非上市的科技型中小企业外部融资与创新绩效具有一定的新颖性。创新绩效的相关研究已取得了丰富的成果，但财税政策对创新绩效的检验中多采用单一指标测度企业创新，因此，研究结论缺乏全面性。本书试图根据相关的理论知识分析财税政策、外部融资与创新绩效的影响机理，并构建创新绩效的指标体系。本书在理论、内容、方法等方面可能具有的创新之处如下。

（一）研究对象和数据创新

由于数据可获得性的限制，现有文献以区域、行业或上市公司为研究对象较多，而对科技型中小企业或非上市公司的研究较少。因此，本书以非上市的科技型中小企业为对象进行研究，是对现有研究领域的拓展，然后通过问卷调查获得原始数据，是对现有数据资源的补充。

（二）丰富了宏观政策对微观经济效果的理论

通过博弈分析论证政府政策、外部资金供给者以及企业之间的行为影响，然后借助财税政策相关理论、创新相关理论、融资相关理论等分析财税政策对外部融资和创新绩效的影响机理，丰富现有研究的理论内容。

（三）构建了创新绩效指标体系

在政府政策与创新绩效的研究中多利用单指标测度企业创新绩效，研究结论具有片面性。本书构建了科技型中小企业创新绩效指标体系，采用主成分分析法，综合衡量企业创新绩效，从而为财税政策对创新绩效的影响提供全面合理的依据。

（四）丰富了科技型中小企业研究内容

财税政策与企业外部融资以及财税政策与创新绩效的研究已取得了较多成果，但是以科技型中小企业为研究对象的较少，更缺少对生命周期不同阶段的实证研究。本书根据调查对象，结合已有的生命周期相关理论研究，分别将有效样本按生命周期进行划分，并据此进行实证检验。

| 第二章 |

文献综述

科技型中小企业融资难问题严重阻碍了企业的创新发展，各国政府普遍采用财税政策进行调控。一方面通过财税政策提供资金支持，缓解科技型中小企业融资问题；另一方面通过财税政策激励和引导科技型中小企业创新发展。因此财税政策的有效性成为理论界研究的热点，取得了丰富成果。为了解本书研究主题的进展，本章分别从科技型中小企业外部融资的相关研究、创新绩效的相关研究以及财税政策对企业外部融资和创新绩效三个方面对已有文献进行梳理和总结。

第一节　科技型中小企业外部融资研究

虽然科技型中小企业在创新和推动经济发展中具有举足轻重的地位，但是由于"轻资产、重科技"的特点导致风险较高，外部融资困难，严重阻碍了科技型中小企业的发展。麦克米伦（Macmillan）从19世纪30年代开始就关注中小企业融资问题，并提出著名的"麦克米伦缺陷"。加林多和希安塔雷利（Galindo and Schiantarelli，2003）分析表明无论是发达国家，还是发展中国家的小企业在经营成长方面很难利用外部资金。国内外学者分别从科技型中小企业外部融资难的原因、科技型中小企业外部融资方式，以及科技型中小企业融资的外部环境进行了分析研究。

一、科技型中小企业外部融资难的原因分析

除了像传统企业一样，财务状况、经营业绩以及成立年龄等因素会对企业融资有影响外，科技型中小企业还具备了"中小企业"规模小和"科技型企业"抵押物少对融资的不利因素，另外，科技型中小企业是以科技创新为核心竞争力，而创新信息的较少披露以及技术信息的保密性，使得科技型中小企业信息不对称程度更高，进一步加重了融资难。

（一）科技型中小企业的规模小

由于金融机构单位贷款的处理成本随贷款规模的上升而下降，因此其不愿意为规模小的企业提供融资服务（林毅夫和李永军，2001）。另外，规模小的企业自有资金少，抗风险能力低，受外部环境影响变化较大，因此规模歧视是科技型中小企业融资难的主因（刘斌等，2015）。世界银行投资环境调查（World Bank Investment Climate Survey，2003）数据显示：中国的中小企业职工人数在500人以上的，新增资金中有22.42%来源于银行贷款；职工人数在51～500人之间的，新增资金中银行贷款的比重下降为10.98%；职工人数在50人以下的，仅从银行获得了5.84%的新增资金（郭丽虹和徐晓萍，2012）。张琦等（2008）在银企博弈分析的基础上，采用问卷调查获得数据，分析了企业规模对银行贷款的影响，研究表明企业规模与企业获得贷款融资在99.99%水平上显著相关。拉蒂默和阿希（Latimer and Asch，2000）、王明虎（2010）等的研究也表明在科技型中小企业融资过程中存在规模歧视。王志锋和谭昕（2021）研究表明企业规模与融资约束显著相关。

（二）科技型中小企业的抵押歧视

西方学者研究发现在抵押融资过程中因抵押人的收入、性别、年龄、种

族、家庭地位、规模等不同而导致不同的歧视现象（Black and Schweitzer，1968），随着理论发展和经验研究形成了"抵押歧视"理论（Black，1968）。西梅利等（Simerly et al.，2000）认为创新投资主要创造的是无形资产，而债权人一般倾向于得到实物资产作为抵押品，因此，在考虑贷款给创新型项目还是贷款给厂房设备型项目时，银行等债权人倾向于后者。科技型中小企业实物资产少，而无形资产比重高，因此更容易遭受来自企业抵押品（缺乏实物资产）方面的融资歧视，导致融资困难。主要原因为，一方面，科技型中小企业拥有的知识产权抵押与经济学意义上的抵押业务不同，知识产权抵押无法实现报酬和风险的转移，担保权人要承担全部的信贷违约风险（姚王信和苑泽明，2012），因此知识产权质押不受金融机构的欢迎。另一方面，知识产权资产的专用性较强，因此担保权人需要较高的成本对此进行价值评估，且处置知识产权时，未来收益不确定性较高（姚王信和苑泽明，2012）。桑开兵（2017）认为，知识产权质押融资的价值评估、难以控制风险以及处置变现困难等因素均是小微科技企业知识产权质押融资面临的困境。

（三）科技型中小企业的信息不对称

科技型中小企业外部融资虽然可以通过外部债务融资和外部权益融资两种方式实现，然而科技型中小企业进入资本市场较为困难，且风险投资对象主要是处于发展中后期的中小企业（中小企业上市资源调研小组，2005），因此外部融资以债务融资为主。科技型中小企业和金融机构间的信息不对称使得金融机构对该类企业长期实行着信贷配给（Stigletz and Weiss，1981），导致科技型中小企业难以获得信贷融资（Ang，2014）。对于信息不对称的原因，一方面，科技型中小企业具有较高的技术壁垒，金融机构对技术水平认知不够，以及未来的收益状况无法像实物资产那样进行估计，不确定性较高，造成了严重的信息不对称（Guo，2008）；另一方面，科技型中小企业研发信息以及技术不愿向金融机构披露，因为企业的核心技术和研发信息关系到企业竞争力与差异化，若被竞争者获得，可能被模仿，从而失去潜在的超额收益，因此加重了信息不对称（Hutchinson and Xavier，2006；赵武阳和陈超，2011）。再者，科技型中小企业以无形资产为主，基于我国现在的会计核算方法，大量有价值的技术含量高的无形资产由于缺乏可靠的估值，被排除在会计系统之外（向显湖和刘天，2014；李莉，2015），因此仅以企业提供的片面信息较难获得金融机构的认可。在科技型中小企业知识产权保护薄弱、信用体系不健全的情况下，信息不对称加剧了外部融资困难。

二、科技型中小企业外部融资方式

虽然理论上认为天使投资、风险投资是科技型中小企业最理想的融资模式，然而由于我国现有风险投资退出机制的限制，风险投资对象主要是处于发展中后期的中小企业（中小企业上市资源调研小组，2005），因此科技型中小企业外部融资依赖于债务融资（Berger and Udell，1998），这一现象使企业陷入外源融资困境。针对科技型中小企业的特点，已有研究提出关系型融资和企业家个人财富担保或抵押是获得外部债务融资的重要模式。

（一）关系型融资

众多学者认为信息不对称是导致科技型中小企业融资困难的主因，那么如何缓解信息不对称，从而解决科技型中小企业融资困难呢？较多的理论分析和实证研究表明关系型融资是解决科技型中小企业信息不对称的重要策略，对中小企业融资意义重大。李江（2009）认为信息模糊是影响资金需求者和资金供给者的主要原因，资金供给者可以依赖与资金需求者的关系获得更多的相关信息，这种融资方式即关系型融资。以关系型融资为基础的信息收集使资金供给者获得了市场上无法获取的私人信息，因此降低了资金供需双方的信息不对称和道德风险（Weinstein and Yafeh，1998）。已有研究表明关系融资不仅降低了融资的成本，而且增强了融资的可获得性（Harhoff and Krting，1998）。另外，由于资金供给者拥有私人信息，对项目风险评估更加可靠，因此关系型融资会降低贷款抵押要求，伯格和尤德尔（Berger and Udell，1995）通过考察与信贷额度有关的价格和非价格条款，认为关系型借贷能够解决与小企业融资有关的信息不对称问题，而且关系维持得越长，贷款利率越低和越少被要求提供抵押品。有些学者认为社区银行由于距离接近，更容易获得不公开的信息，使其成本—收益关系更划算，因此社区银行更适合科技型中小企业融资（Berger，2008；Berger，2014）。我国学者周好文和李辉（2005）利用广州中小型企业的典型案例，实证检验了融资的利率优惠和银企合作时间的相关性，结果显示银企合作时间长短与贷款利率优惠具有正相关关系，即银企合作的时间越长，企业获得的贷款利率越优惠。刘丽巍（2009）对关系型融资和企业融资效率的关系进行了实证研究，结果显示关系型融资有助于提高企业融资效率。杨楠（2014）以我国上市公司为研究对象，采用赫克曼（Hechman）和数理逻辑离散选择（Logit）模型，理论分析并实证检验银企关系长度对中小高新技术企业成长性的影响，结果显示银企关系越长，企业成长性越好。高增亮等（2019）研究表明高管网络关系能够提高企业资产负债率。

（二）企业家的个人财富担保或抵押

20世纪80年代中后期，随着企业家经济的兴起，融资问题成为"企业家理论"研究的焦点（杨其静，2003）。梅耶斯和梅吉拉夫（Myers and Majluf，1984）的"融资优序理论"在分析企业家的融资问题上产生了较大的影响，该理论强调由于信息不对称，资金供给者对科技型中小企业的风险评价过高，因而会要求较高的资金回报率，这迫使企业家优先采取自有资金融资即内源融资，然后再考虑债务融资，最后是外部权益融资。由此可见，企业家个人财富是科技型中小企业发展的关键，已有经验研究支持这一论断（Watson and Wilson，2002；刘曼红，2004；师瑞斌和薛蒙，2011）。然而企业家财富是有限的，不可能全部依赖自有资本来创业（杨其静，2003），已有研究发现企业家个人财富最重要的作用是担保或抵押功能，白福萍（Bai F, et al.，2024）（Avery，1998）认为规模小、成立时间短的企业通常倾向于采用企业家个人财富作为信贷融资的抵押和担保；昂和泰勒（Ang and Tyler，1998）通过调查问卷发现，由企业家个人资产担保贷款的比例约有 40%，获得担保金额占总需求额的近 60%。由于企业家个人财富具有抵押或担保服务功能，因此企业家个人财富与科技型中小企业融资规模正相关（Cavalluzzo and Wolken，2005）。

三、科技型中小企业融资的外部环境

外部环境不仅影响科技型中小企业生产经营及其发展，而且也影响企业外部融资（Berger，1995），国内外学者对外部环境与科技型中小企业融资之间的关系进行了研究。已有研究发现外部环境对企业外部融资可获得性有影响，伍洛克（Woolock，1995）研究发现，科技型中小企业信贷融资除了受正式融资环境影响外，还受非正式的融资环境如社会信用环境的影响。较高的社会资本与信任水平可以减弱信息不透明的程度，促进金融合约的签订与执行（罗正英和周中胜，2010）。伯格（1998）研究发现，银行与企业之间的关系会影响企业融资可获得性，而融资环境又会影响企业与银行之间的关系，如宏观经济环境、法律环境、信用环境等。伯格和尤德尔（2006）及韦塞拉（Becerra，2012）研究认为，信贷融资技术创新、金融业市场的竞争程度以及金融市场结构等因素对提高科技型中小企业信贷融资可获性具有重要影响。另有一些文献提出通过改善外部环境，缓解科技型中小企业融资难问题。林毅夫和李永军（2001）提出大力发展和完善中小金融机构是解决我国中小企业融资难问题的根本出路。林毅夫和孙希芳（2005）表示非正规金融有其存在的根本逻辑，能够改进整个信贷市场的资金配置效率。刘桔林和罗能生（2012）提出解决我国中小企业融资难的短期对策，应实施稳健的货币政策、结构性金融政策以及加大财税政策支持。勒尔纳和科尔特斯（Lerner and Cortés，2013）运用分析性方法，利用基本未被使用过的美国财政数据，分析了"社区发展金融机构（CDFI）资金"对信用合作社活动的影响，表示 CDFI 资金补贴增加了信用合作社 3% 的支出。文学舟和关云素（2017）

调查发现政府政策与担保参与对小微企业融资行为有影响。

四、研究述评

外部融资难是影响科技型中小企业创新发展的重要障碍，理论界对此进行了较多的研究，取得了丰富的成果。除已有文献普遍认为，科技型中小企业融资难的主要原因是规模小、实物资产少、知识产权抵押受歧视等自身因素外，信息不对称则是科技型中小企业融资难的另一重要因素。如何解决信息不对称，缓解科技型中小企业的融资问题呢？已有文献针对科技型中小企业的特点，认为关系型融资和企业家个人财富担保或抵押是解决融资问题的可行模式。科技型中小企业是社会环境中的一部分，必然与外部环境有关，已有文献研究表明外部环境会影响科技型中小企业融资技术的运用，以及影响企业的融资可获得性，因此改善外部环境会有利于科技型中小企业融资。已有研究成果对进一步深入研究科技型中小企业外部融资问题提供了重要基础。

科技型中小企业融资难是个世界性难题，各国政府普遍采用财税政策调控融资环境，引导社会资金投向科技型中小企业。在我国特定的环境背景下，财税政策支持是否对科技型中小企业融资难具有缓解作用？针对产权性质不同的科技型中小企业，财税政策对外部融资的影响是否有差异？科技型中小企业生命周期各阶段的融资需求以及创新特点不同，财税政策是否对不同阶段的企业影响效果也不同？这些问题都需在现有研究基础上进行深入分析和检验。因此本书尝试从理论上分析上述问题的影响机理，然后通过实证检验提供事实依据。

第二节　科技型中小企业创新绩效研究

创新理论是由经济学家熊彼特提出的，他首次对创新的概念进行了详细阐述，并对创新驱动经济发展的逻辑关系进行了分析推理。随后国内外学者对创新绩效相关问题进行了深入的研究，研究内容主要有创新绩效的影响因素和创新绩效的评价。

一、科技型中小企业创新绩效的影响因素

虽然创新绩效没有一个统一的定义，但是理论界较为一致地认为创新绩效是一个综合的概念，因此影响因素较为复杂和多样。谢恩和乌尔里希（Shane and Ulrich，2004）从创新绩效的经济解释、行为解释以及创新决策制定过程三个方面对影响因素进行了梳理；唐清泉和甄丽明（2009）在借鉴谢恩和乌尔里希（2004）的基础上，重点关注创新绩效的行为解释，分别从政府行为、企业行为和管理者行为三个方面进行了梳理。由于本书研究财税政策、外部融资与创新绩效之间的关系，研究对象为非上市的科技型中小企业，公司结构相对较为简单，因此下面分析中仅考虑与科技型中小企业创新绩效相关的企业规模、产权性质以及外部融资方式，而不对公司治理因素相关文献进行梳理。财税政策与创新绩效的相关研究将在本章第三节中单独梳理。

（一）企业规模对创新绩效的影响

熊彼特规模效应假说认为只有大企业才可以负担得起研发经费的投入，大企业通过多元化研发创新，从而提高创新绩效。较多的研究以研发投入为创新绩效的替代指标检验熊彼特假说，该假说得到了较多学者支持（Porter，1998；吴延兵，2007）。然而企业规模不仅对创新投入有影响，而且对创新产出的影响更大，在随后的研究中，学者们开始关注企业规模对企业创新整个过程的绩效影响，却没有得到一致的结论（任海云，2011）。第一种观点认为企业规模越大，创新绩效越好。原因是大企业的优势不仅在于资金实力雄厚，而且随着企业组织规模扩大，风险承担能力更高（Vossen，1998）。企业规模越大，创新活动与其他功能部门容易达成互补，从而提升创新绩效（Cohen，1995）。第二种观点认为规模小的企业创新绩效好，该观点的研究

多从企业组织结构和管理功能反应速度上给予解释，认为规模小的企业组织结构简单，市场反应速度快，具有"行为优势"，对新产品和新技术能够较快地吸收和改变（Datar and Kekre，1997）。而杰弗逊（Jefferson，2006）利用中国企业面板数据对企业规模的影响进行了研究，结果表明企业规模和市场集中度对研发支出强度并没有显著影响。

（二）企业产权性质对创新绩效的影响

在企业产权性质的研究文献中，一般认为不同的产权性质具有不同的任务目标，从而对企业创新绩效产生不同的影响。现有产权性质对企业创新绩效影响的研究得到了不同观点。一种观点认为国有产权性质与企业创新绩效具有正相关关系。由于国有企业目标具有多重性，如就业、社会稳定、地方经济发展等，为了非经济目标的实现，国有企业能够获得更多的政策支持，如税收返还、政府资助等，因此国有企业在获得创新资源和信息上优于民营企业。金姆和李（Kim and Lee，2008）以韩国 1998～2003 年间制造企业为研究对象，实证分析发现家族所有制企业对研发投资有正向调节作用，而国内机构投资者持股则发挥了负向调节作用。李政和陆寅宏（2014）以中国2012 年 123 家制造业上市公司为研究对象，以专利申请量为创新绩效指标，控制了研发投入和新产品销售收入后，研究发现国有控股企业的创新绩效明显高于民营企业。刘和旺（2015）利用 2001～2007 年规模以上工业企业数据库，采用循环的结构（CDM）模型，分别以研发投入和新产品产值为创新绩效变量，研究发现国有企业的研发投入和创新产出都显著高于民营企业。

另一种观点认为国有产权性质与企业创新绩效具有负相关关系。由于国有企业经营者在任职期间往往追求短期内个人利益，而不关心企业的长期发展，因此，国有企业倾向于投资短期内就有收益的传统生产性项目，而对投资时间长、收益不确定性较高的创新项目不感兴趣，因此国有企业创新绩效低下。周黎安和罗凯（2005）研究表明国有企业规模每增加 1 人，导致创新绩效减少 0.21 项，而非国有企业规模每增加 1 人，带来创新绩效增加 5.3 项。吴延兵（2012）利用 1998～2003 年中国省级大中型国有企业和民营企业的行业数据，实证研究表明国有企业的公有产权属性决定了国有企业中存在着生产效率和创新效率的双重损失。

（三）企业外部融资方式对创新绩效的影响

科技型中小企业外部融资方式主要有外部债务融资和外部权益融资，权益融资主要以风险资本为主。

1. 外部债务融资与科技型中小企业创新绩效的研究。自从詹森和梅克林将资本结构与企业的战略问题结合起来考察以后，国内外学者对债务融资与企业创新绩效之间的关系进行了广泛研究（Dan and Phillips，1997），研究结论不一致。有些学者认为负债的增加会提高企业创新绩效（Aghion，1992）。马克瑟莫维奇（Maksimovic，1991）运用产业均衡代理模型，分析发现投资于每种技术所产生的现金流是由投资技术选择以及产品需求函数内生决定的，因此在负债节税的优势下，企业负债融资能够使企业创新价值增加。相反，另外一些学者认为高负债会使经营者面临较大的盈利压力和债权人到期追债而导致财务风险加大，在市场产品战略定位中会选择更加保守的投资决策，而不选择创新投资（Richard，2003）。因此，负债融资越多，企业创新绩效越低（Baldwin，2002；Richard，2003）。我国学者的研究结论普遍认为创新绩效与外部债务融资负相关（汪晓春，2002；柴斌锋，2011）。钟田丽（2014）通过联立方程，对企业创新要素与融资结构相互之间的影响进行了研究，表明企业创新投入要素的增加降低了企业负债融资水平，两者之间存在负相关关系。

2. 风险资本与科技型中小企业创新绩效的研究。科技型中小企业的资产专用性较高，通常选择具有股权性质的风险资本融资（Willamson，1996），风险投资会通过董事会，直接参加企业的管理，对新创企业战略制定具有重要影响（Jain，2001）。已有的国外文献研究表明风险投资提高了企业的创新效率和盈利能力，赫尔曼和布里（Hellmann and Puri，2002）研究发现，有风险投资进入的科技型中小企业在人力资源政策、市场化、销售以及股票期权的选择方面都能够明显地提高专业化水平。卡萨马塔（Casamatta，2003）

论证了风险投资支持的企业创新绩效明显好于非风险投资支持的企业，风险投资成为提高企业盈利能力的指标。我国学者通过对科技型中小企业及风险投资情况的考察和调研，发现风险投资对于科技型中小企业的发展具有重要的影响（龙勇和常青华，2008），风险投资能够提升企业创新产出和创新绩效。龙勇和杨晓燕（2009）基于1997～2006年风险投资数据，利用专利申请数和高技术产品出口额两个指标来刻画技术创新能力，研究证实了风险投资与技术创新能力之间有正向的相关关系。龙勇和时萍萍（2012）研究显示风险投资的介入会增强科技型中小企业对知识的静态和动态吸收能力，进而增加企业技术创新绩效。还有些学者以创业板或科技型中小企业为研究对象，以研发投入强度和专利申请或授予数为创新绩效的衡量指标，研究表明风险投资与企业R&D投入之间具有显著的正相关关系，有风险投资参与的企业研发投入和专利数量明显高于无风险投资参与的企业（赵洪进，2013；苟燕楠和董静，2014；焦跃华和黄永安，2014；张翀和焦伟伟，2022）。

二、科技型中小企业创新绩效评价

创新绩效是一项复杂的系统工程，涉及创新投入、产出以及创新业绩等多个环节。从现有的研究文献来看，国内外学者对创新绩效的评价主要两种：一种是利用投入产出效率评价创新绩效；另一种是利用指标体系测度创新绩效。

（一）投入产出效率评价创新绩效

根据已有文献，对投入产出指标体系的构建可分为多投入单产出和多投入多产出。多投入单产出指标体系大多从经济效益角度设计产出指标，采用生产函数和随机前沿模型等评价方法（向坚，2011）。不同文献由于研究对象、研究方法以及研究目的不同，选择的投入产出指标有差别，投入指标多采用创新人力资本投入、创新资金投入等，产出指标主要有专利申请量（Soete，1997；李婉红，2022）、产品总产值（Bhandari and Ray，2007）、新

产品销售收入 (Tremblay, 1998) 、GDP (Arcelus and Arocena, 2000) 。由于创新绩效是一个综合的概念,因此越来越多的文献倾向于采用多投入多产出进行相对效率的评价。如巩 (Gong, 2004) 对区域创新绩效进行了评价,投入指标采用了科技人员当量、研发人员当量、科技活动人员数、科技活动支出、研发支出、财政科技支出的比重、研发金融贷款比重,产出指标采用了新产品销售额、新产品利润率、专利申请量。朱学冬和陈雅兰 (2010) 在考察创新型企业的创新绩效时,采用自主产权和创新业绩两项指标。梅建明和王琴 (2012) 以 40 家中小企业为研究对象,从财力和人力两方面构建投入指标,从经济效益和科技成果两方面构建产出指标,通过数据包络分析法评价了创新绩效。杨骞和刘鑫鹏 (2021) 以研发人员与研发经费为投入指标,以《中国城市与产业创新力报告》发布的创新指数为产出指标。陈金丹和王晶晶 (2022) 以科技人员工时和科研经费为投入指标,以专利申请量和新产品销售收入为产出指标评价创新绩效。权锡鉴和朱雪 (2022) 以技术人员比、研发投入、固定资产产值为投入指标,以专利授予数为产出指标。

(二) 利用指标体系测度创新绩效

投入产出评价能够反映企业创新投入效率,无法体现创新绩效综合效果,因此众多学者对创新绩效的综合效果如何测度展开了丰富的研究。虽然单一指标测度创新绩效受到较多学者的质疑,但是在研究政策或其他因素对创新绩效的影响中有较多的文献采用单一指标作为创新绩效的替代变量,主要采用研发投入、专利、新产品产值或销售收入等。有些文献采用企业研发投入作为创新绩效替代指标,纳尔逊和温特 (Nelson and Winter, 1982) 表示企业研发投入有助于创新资源配置,采用研发投入表示创新绩效是合理的;格里里奇 (Griliches, 1994) 认为研发投入指标可能直接导致企业的创新产出,尤其对高技术企业而言,研发投入可以直接表征创新绩效。特别是在研究政府政策对企业创新影响的文献中,采用研发投入作为企业创新绩效衡量指标的文献较多 (Aerts and Czamitzki, 2004; Duguet, 2004; Czamitzki, 2011; 肖兴志, 2013; 张兴龙, 2014) 。彼得斯 (Peters, 2008) 认为 R&D

投入指标不能代表企业开发新产品或者新工艺的水平，而且采用 R&D 投入指标衡量企业创新绩效，企业创新绩效会被低估，尤其是中小企业和服务行业。

研发投入仅反映了企业创新的投入方面，不能替代创新产出，有些学者认为专利是创新产出成果，可以测度创新绩效，豪斯曼（Hausman，1984）根据专利数为离散型随机变量的特征提出泊松模型，并用美国 1968～1974 年间的 128 家公司数据，估计了 R&D 投入对专利产出的边际贡献，在国际上具有重要影响。我国学者郭晓丹（2011）、朱平芳和徐伟民（2003）、李海林（2022）也对专利测度创新绩效进行了相应的研究。创新过程本身具有黑箱性质，专利也并不能完全反映创新产出（Griliches，1990）。研发投入效果以及专利等创新成果的转化，最终会体现在企业新产品开发上，并取得新产品收入或者新产品产值的提高，因此有些文献分别采用新产品销售收入或新产品产值为创新绩效的衡量指标来进行研究（Hall and Maffioli，2008；李瑞茜和白俊红，2013；李玲和陶厚永，2013；王一卉，2013）。

单一指标表示创新绩效难免会有以偏概全的现象，因此越来越多的学者构建多指标体系测度创新绩效。由于研究对象、研究方法以及指标体系构建视角的不同，创新绩效的测度存在较大差异。有些文献建议从平衡计分卡或顾客的角度构建指标（Christiansen，2000）；有些文献从新产品的获利能力、相对销售业绩、相对市场占有率以及新产品产值等经济效益指标测量创新绩效（张方华，2007）；有些文献从工艺创新和产品创新两方面构建指标测度企业创新绩效（Anet，2005；陈劲和陈钰芬，2006）；有些文献侧重评价创新的相对效率，构建创新投入产出指标评价创新绩效（Wang，2007；白俊红和蒋伏心，2015）；有些文献从创新投入、创新管理、创新开发以及创新业绩等企业能力的角度构建指标体系（刘凤朝，2005；李美娟和陈国宏，2014）。哈格多恩（Hagedoorn，2003）利用研发投入、专利数量及新产品等构建了测度创新绩效的指标体系，其中，研发投入表示创新努力程度，专利数量表示企业创新成果，新产品表示企业产品创新。陈劲和刘振（2011）选取了新产品数量以及开发速度、专利申请数、创新项目成功率和新产品销售收入等多个指标衡量企业创新绩效。随着创新绩效测度的研究不断深入，指标体系也越来越丰富，从注重创新投入、创新成果产出，逐渐引入了创新业绩指标以及企业成长性指标。

三、研究述评

企业创新绩效影响因素和创新绩效评价两方面已取得了丰富研究成果，已有研究有如下特点：（1）研究对象。以企业为研究对象的文献，主要采用上市公司的公开数据为依据进行实证分析，以国家、区域、行业为研究对象的文献采用相关统计年鉴数据进行研究。而以非上市的科技型中小企业为样本进行研究的较少。（2）研究内容。关于企业规模和产权性质对创新绩效影响的研究得到了不一致的结论。而对于外部融资方式对创新绩效的影响研究，多数文献研究表明负债融资越多，企业创新绩效越差；风险投资有利于提升企业创新绩效。而对于创新绩效评价，虽然学者分别从投入产出效率、单指标、多指标等进行了研究，但是没有形成统一的体系，指标设计存在较大差异。

关于创新绩效的相关研究存在如下值得思考或深入探讨的地方：（1）上市融资对绝大多数公司来说非常遥远，只有少数优质公司才拥有这种稀缺资源，因此以上市公司为研究对象获得研究结论是否适合非上市的科技型中小企业值得思考。（2）已有文献研究表明债务融资与企业创新具有负相关关系，但是这个结论的前提条件应该是企业没有外部融资约束，需要资金的时候可以自由选择债务或权益。在科技型中小企业外部融资困难的状况下，根本没有选择如何融资的空间，那么外部债务融资与企业创新绩效又是怎样的关系呢？（3）科技型中小企业在资产结构上与传统企业有别，且科技型中小企业不同成长阶段，其规模和创新特点均存在差别，而目前缺少针对非上市的科技型中小企业创新绩效研究，更缺少不同生命周期阶段的比较研究。因此，本书在国内外已有研究成果的基础上，以非上市的科技型中小企业为研究对象，采用多指标综合评价创新绩效，检验产权性质、生命周期阶段以及外部融资对企业创新绩效的影响，以拓展和补充现有的研究。

第三节 财税政策对企业外部融资
和创新绩效影响的研究

一、财税政策对企业外部融资的影响

科技型中小企业融资难是国内外共同关注的重要课题，各国政府普遍采用财税政策扶持和引导科技型中小企业创新发展。财税政策通过财政资金无偿供给和税收优惠给企业提供直接融资，同时，财税政策引导社会资金投向科技型中小企业，从而拓展了企业融资渠道。国内外文献对财税政策与企业外部融资的相关研究，主要关注财税政策是否缓解了企业融资难的问题，以及财税政策与外部融资之间的调节因素。

（一）财税政策对企业外部融资影响

发达国家具有良好的资本市场环境和信用体系，财税政策能够作为一个好的信号被认证，因此获得财政资助和税收优惠的企业能够吸引私人投资资金，拓展创新融资渠道。卡明（Cumming，2007）采用案例法和回归分析法，分析了澳大利亚创新投资资金项目（IIF），研究表明 IIF 增加了向高科技初创期企业投资，并且拓展了企业融资渠道。霍尔和马菲奥利（Hall and Maffioli，2008）运用调查方法、文献分析方法以及反事实研究角度的实证分析方法，针对拉美四国的政府"技术开发基金（TDF）"项目进行了评价。研究表明 TDF 需技术专家评价创新项目，缓解了金融约束。克勒尔（Kleer，2010）采用信号模型分析政府财政资助的效应，认为如果政府仅仅根据项目风险高低进行资助，那么政府财政资助不能给企业增加银行贷款；如果政府是根据企业的高低选择资助对象，即只有高质量的企业才能获得政府资助，那么被资助企业能够获得私人投资或银行贷款。科伦坡（Colombo，2012）研究发现政府补贴对科技型中小企业具有认证效应，获得补贴的企业能吸引

风险投资机构进行投资。

国内文献对财税政策与企业外部融资的研究结论不一致。一种观点认为，财税政策具有信号效应，政府财税支持有助于促进企业获得更多的银行贷款，对企业融资约束具有缓解作用（高艳慧，2012；邹彩芬，2013）。另一种观点认为，财税政策直接供给企业资金对企业融资效果显著，而我国市场信息反馈不及时，财税政策的信号效果不显著，即财税政策只表现在直接效应，而没有发挥认证作用（王文华，2014）。

（二）财税政策与企业外部融资之间的调节因素

多数发展中国家产品市场和信用市场不发达，政府对经济资源的配置实施很强的控制（McMillan，1997），因此，政府政策在优化企业融资环境、引导社会资金投向创新行业具有重要的作用。同时企业是否能解决融资难问题，还与企业商业信用有直接的关系，上杉和山本（Uesugi and Yamashiro，2008）的经验研究支持了商业信用和银行贷款之间存在一种"替代"关系。我国学者从企业所有权性质、金融发展水平和企业成长阶段方面分析了政府政策对企业外部融资影响的调节作用。研究表明，获得政府财税政策支持的民营企业可以获得银行贷款，而国有企业获得财税政策支持的银行贷款效果不显著（张杰等，2012）；金融发展水平高的地区政府财税政策缓解研发融资约束的效应显著（王文华和张卓，2013）；财税政策对创新能力强、萌芽期和成长期企业获得更多的银行贷款和风险投资有帮助（傅利平和李小静，2014）。

二、财税政策对企业创新绩效的影响

科技型中小企业创新绩效是多方面的综合体现，既包括企业创新投资规模的扩大，又包括企业创新产出的增加，以及由创新带来的企业经营业绩以及社会效益的提高等。已有文献关于财税政策与企业创新绩效的研究内容主要集中在财税政策对企业创新投入、财税政策对企业创新产出以及财税政策对企业经营业绩等方面。

（一）财税政策对企业创新投入的影响

财税政策由财政政策和税收政策组成，财政政策的研究中研究政府资助或补贴对企业创新投入影响的文献颇多，但是研究结论存在较大差异，主要有三种观点：第一种观点认为财政政策为创新项目提供了创新资金，降低了创新风险，提高了创新投资收益，因此具有促进创新资金投入效应，即激励效应。国内外已有文献采用不同研究对象和研究方法得到了激励效应的结论。其中以企业为研究对象的多采用倾向得分匹配法对受政府资助企业与没有受资助企业进行了比较，表明受资助的企业确实表现出了更高的研发强度（Aerts and Schmidt，2008；Oliviero，2011）；戴蒙德（Diamond，1999）对美国 1953～1995 年的基础研发进行了研究，表明联邦政府增加 1 百万美元基础研发支出，私人基础研发支出将增加 70 万美元；解维敏、唐清泉和陆姗姗（2009）以我国上市公司为样本，采用数理逻辑离散选择模型（Logit）回归和概率单位离散选择模型（Probit）回归研究了财政政策对研发投入的影响，结果表明政府资助对企业研发支出具有显著的正向激励效应。以行业为研究单位采用普通最小二乘法（OLS）、两阶段最小二乘法（2SLS）等方法得到政府资助具有激励效果（Buxton，1975；Levin and Reiss，1984；王俊，2010）。第二种观点认为财政政策会增大行业对创新资源的需求，从而使得创新成本升高，企业投资转到盈利高的其他行业；再就是，企业可以用自己的资金投资完成的创新项目，但由于获得了财政资金支持，从而减少自有资金投入，即替代效益。有些文献研究表明财政资金对私人研发支出具有完全替代效应（Suetens，2002）；有些文献研究表明财政资金对研发投入有显著的负向调节作用（王一卉，2013；黄燕等，2013；汪秋明，2014）。第三种观点为混合效应。最早采用实证分析方法研究公共资金与企业研发投资之间关系的斯蒂格勒（Stigler，1957）表明公共资金既有激励效益又有替代效益。自此国内外学者分别从不同的角度进行了研究，也得到了混合性结论。利贝布格（Lichtenberg，1984）研究表明财政激励政策一年后表现为激励效应，滞后两年表现为替代效应；利贝布格（1988）分别采用加权 OLS 和工具变量法对美国企业进行了研究，表明运用加权 OLS 法结果是激励效应，而运用工具变量法结果是替代效应；莱维（Levy，1990）以经济合作与发展组织成员方为研究对象，结果表明美国、日本、德国、瑞士和法国具有激励效应，而英国、荷兰具有替代效应，意大利效果不显著；我国学者研究表明财政资助对企业研发支出没有效果或不确定（郭晓丹等，2011；吴晓园和丛林，2012）。

税收政策对企业创新投入影响的研究，表明税收政策有利于促进企业创新投入，但是对企业创新投入的影响程度存在异议。有些文献研究表明激励效应不显著，李丽青（2007）通过问卷调查获得了 103 家样本企业相关数据，实证分析表明政府每减免企业 R&D 投入的 1 元钱税收，只能刺激企业增加 R&D 投入 0.104 元，且激励效果不显著。张济建和章祥（2010）通过乔根森模型分析了税收政策对研发投入的影响机理，研究表明现行税收政策对高新技术企业研发投入具有激励效应，但效果不显著。而有些研究结果显示税收政策具有显著的激励效应，马伟红（2011）以中小企业板 67 家高新技术企业为研究对象，结果发现税收激励与政府资助对企业 R&D 投入都有促进作用，与政府资助相比，税收激励的作用更大。赵月红和许敏（2013）以长三角 77 家上市高新技术企业作为样本，发现我国现行的所得税优惠政策能够促进高新技术企业 R&D 投入的增加，即税收政策具有激励效应，且这种激励作用的长期效应强于短期效应。梁富山（2021）研究发现，加计扣除税收优惠政策对科技型中小企业研发当下投入水平和潜在投入能力的影响表现为显著的"当下抑制、潜在促进"效应。

（二）财税政策对创新绩效的影响

国外文献以创新成果、创新价值增值、经营业绩等指标评价政府财政政策有效性，得到不一致的结论。卡明（2007）通过研究 1997 年澳大利亚创新投资资金项目，发现其向高科技初创期企业的投资增加并对被投资企业进行督导使其产生增值效应；霍尔和马菲奥利（2008）研究表明政府技术开发基金项目（TDF）对专利和新产品销售收入影响不大；巴思扎克彻（Buzzac-chi，2013）以获欧洲投资基金（EIF）资助的投资机构及其投资企业为对象，研究发现有较高公共所有权比例的风险投资能保持长期投资的持续性并产生较为显著的财务收益；坎诺内和乌盖托（Cannone and Ughetto，2014）发现受意大利统一规划项目基金（DOCUP）资助企业在债务清偿能力和固定资产总额上得到改善，而在企业盈利能力方面则没有影响。我国学者多以专利、新产品收入等指标评价财政政策，郭晓丹（2011）以战略新兴产业中63家上市公司为研究对象，通过单位根和协整检验，研究表明政府补贴能够显著地影响企业研发创新产出，使得企业获得更多技术专利。产权性质和企业经验也会影响财政政策对创新产出的效果，李玲和陶厚永（2013）以974家深圳证券交易所的上市公司为研究对象，以新产品销售收入衡量企业创新绩效，研究表明财政资助对民营企业具有显著影响，而对国有企业没有影响。王一卉（2013）以2005～2007年的12366家中国工业行业中高技术非上市公司为研究对象，结果表明与更富有经验的企业相比，政府补贴提高创新绩效的作用在较缺乏经验的企业中更强。

关于税收政策对创新产出的影响，我国学者得到了较为一致的结论。夏力（2012）以创业板企业为研究对象，研究税收优惠政策对企业技术创新的影响。结果表明所得税税率优惠促进了企业研发费用投入强度，提高了专利成果产出。张信东（2014）以2008～2011年被认定为国家级企业技术中心的上市公司为样本，运用倾向得分匹配方法研究了税收优惠对企业创新影响。结果表明享受了税收优惠政策的企业有更多的专利、新产品和科技奖励，支持R&D税收政策的激励效果；同时，企业享受R&D税收政策的情况并不理想，且存在地区和行业差异。另外，由于政策类型不同效果也不一样，王进富等（2022）发现供给层面政策不确定性对企业创新绩效有负向影响，而需求层面政策不确定性则有正向影响。

（三）财政政策与税收政策的比较研究

部分学者将财政政策与税收政策两种政策工具的效果进行比较。佛拉斯卡帝（Frascati，1994）认为税收政策在市场干预、灵活程度、管理成本等方面优于财政政策，而财政政策在公平性、有效性方面则效果更好；戴晨和刘怡（2008）认为财政政策具有针对性强、调整速度快等特征，但税收政策对企业研发投资的激励效果好于财政政策；朱云欢和张明喜（2010）基于2009年高新技术企业抽样调查数据，研究发现财政政策与税收政策对企业研发投入均具有诱导效应，且税收政策比财政政策诱导效果更加显著；王俊（2011）以我国1995~2008年28个行业大中型企业为研究对象，分析了财政政策与税收政策对企业研发投入和创新产出的影响，结果表明税收优惠对企业研发支出的激励效应显著，而政府财政资助对研发投入具有激励效应，对创新产出却显示负向调节作用；李香菊和杨欢（2019）以我国战略性新兴产业上市公司为对象，研究发现财税政策对企业研发投入具有时滞性，政府补贴长期效果不显著，而税收政策短期和长期均具有激励效应。

三、研究述评

财税政策对企业外部融资与创新绩效的影响研究有如下特点：（1）研究内容上。关于财税政策与企业外部融资的影响，主要侧重评价财政政策的影响，而较少关注税收政策对外部融资的效果。国外文献研究表明财税政策对企业外部融资具有直接效果和间接效果，而国内文献研究结论主要体现在直接效果上，间接效果结论不统一。那么在我国越来越重视优化外部融资环境的情况下，财政政策和税收政策对科技型中小企业外部融资认证效果如何，有待进一步分析和验证。财税政策对企业创新投入的研究成果较为丰富，但对企业创新过程其他环节研究较少。（2）研究方法上。现有研究采用回归分析法、模型分析法等研究方法的较多。虽然创新绩效的测度趋向于多指标，但是财税政策对企业创新绩效的研究大多采用单一指标，如研发投入、新产品销售收入、专利等。（3）评价对象上。现有文献以国家、区域、行业、上市公司为研究对象进行研究的较多，而从非上市的科技型中小企业视角进行研究的较少。

　　财税政策对企业外部融资和创新绩效的相关研究存在一些不足。首先，财税政策如何影响企业外部融资和创新绩效缺乏系统的理论机制分析，更缺少财税政策对生命周期各阶段企业的影响效果比较分析；其次，财税政策对企业创新绩效影响研究中，大多数文献仅采用单一创新指标评价财税政策的有效性，缺乏全面性、综合性；最后，外部融资在财税政策与创新绩效之间是否存在中介效应的研究缺乏。因此，本书通过博弈分析和归纳分析，以非上市的科技型中小企业为研究对象，通过问卷调查、回归分析以及主成分分析法，研究财税政策、外部融资与创新绩效之间的逻辑关系，是对现有研究内容的丰富和拓展，对政策完善、提升企业外部融资以及创新绩效具有重要意义。

第三章

相关概念和理论基础

科技型中小企业具有哪些特点，其创新发展的动力和阻力是什么？财税政策对科技型中小企业外部融资与创新绩效影响的理论基础是什么？本章通过相关概念的梳理和界定，为本书研究提供更加明确的研究对象，然后根据对创新相关理论、外部融资相关理论以及财税政策相关理论的阐述，回答上述问题，并从理论上诠释企业创新发展的必要性、财税政策的重要意义。

第一节 相关概念界定

本书研究中涉及科技型中小企业、财税政策、外部融资与创新绩效的相关内容，在对一些相关概念的界定与理解中，由于研究目的、研究视角的不同，给出的解释也不一样。在以企业为样本的研究中，不同概念定义所体现的创新绩效具有一定差异，因此需要对相关概念加以明确。

一、科技型中小企业

科技型中小企业是高成长、创新能力强的企业群体，是经济发展的重要组成部分。科技型中小企业在实质和定量方面兼具了科技型企业和中小型企业的一些特点，为此，先对科技型企业和中小型企业的相关定义进行梳理，从而界定科技型中小企业的概念。

（一）科技型企业

"科技型"是企业经营业务特点的概念，是相对于一般传统经营业务而言的，国际上通用说法为高技术企业（high-tech enterprise）。对高技术企业的定义，有些文献从理论上进行了描述。例如，克里斯滕森和雷诺（Christensen and Raynor，2003）将技术定义为企业将劳动、材料、资本、创意和信息输入到系统，然后产出价值提升的过程；伯格尔曼（Burgelman，2004）认为技术是来源于理论和实践的知识、技能，结合人工劳动用来开发产品和服务，以及生产和销售系统；尼古拉斯和马丁（Nicholas and Martin，2006）在对高科技进行分析的基础上，提出科技型企业应该具有较高的研发投入，包括资金投入和人员投入，具有较高的创新意识，具有新产品开发以及员工技能和最先进的技术运用，从而产出较多的科技成果，提升企业盈利能力和成长性。我国学者王亚平（2000）认为科技型企业是以技术开发、技术转让，以及科技成果转化为主要业务的经济实体。陆立军和盛世豪（2002）认为科技型企业应是指以高科技产品的研发、生产、销售为主营业务，或者使用高技术或工具从事产品生产的企业，该类型企业最主要的特点在于企业提供的产品或服务中使用新技术或新知识的比例较高。曹兴和李佳（2003）认为科技型企业是能够将新技术或研发的新成果应用于企业生产或管理，并能驱动企业产品竞争力，成为经济增长亮点的企业。

有些文献通过指标比例进行界定，较多地采用研发资金投入占销售收入比例作为确认科技型企业的标准。梅德科夫（Medcof，1999）提出科技型企业的研发资金投入应占产品销售收入的 3% 以上；比尔坎（Balkin，2000）认为科技型企业的研发资金投入与销售收入比例应高于 5%。我国学者罗亚非和洪荧（2005）归纳总结了判断"科技型"或"高科技"的相关文献，将其标准总结为：高技术标准主要看企业产品是否是高技术产品，《科学美国人》杂志对其的定义是"一般需 10% 以上的高级工程师和科学家"。美国学者德曼西斯库（Dimancescu，1984）认为"高技术"企业应具有较高比例的专业技术人员，以及较高比例的研究与发展资金投入。不同国家或组织对高科技企业的认定标准也不同，例如，美国采用研发强度与研发人员占比进行界定；日本主要以资源的节约、技术密集程度以及创新速度快，在未来是否具有市场发展潜力以及影响力为界定标准；经济合作与发展组织（OECD）以研发强度为主要界定标准，并将研发强度分为直接研发强度和间接研发强度两个指标。

（二）中小企业

"中小型"是企业规模形态的概念，目前国际上设定企业规模的参照标准一般有资金规模（实收资本）、员工规模（企业职工人数）、市场份额（年度营业额）三个方面，不同国家或地区所界定的标准也是不尽相同的。例如，美国中小企业管理局出版的《中小企业状况》中，一般把雇员不超过500人、年营业额不超过600万美元的企业称为中小企业；英国经济学者吉姆出版的《小企业：金融与控制》一书中提出符合年营业额不超过100万英镑、资产总额不超过70万英镑、平均每周雇员不超过50人的为中小企业；日本于1963年颁布的《中小企业基本法》根据资本额或出资额以及雇员人数对中小企业进行了规定，且不同行业标准不同。

我国为贯彻实施《中华人民共和国中小企业促进法》，在《中小企业标准暂行规定》中根据职工人数、销售额和资产总额对7类行业分别进行了界定；在《中小企业标准暂行规定》的基础上，结合《国务院关于进一步促进中小企业发展的若干意见》的相关规定，2011年工业和信息化部、国家统计局、国家发展改革委、财政部研究制定了《中小企业划型标准规定》（以下简称《划型标准》），并从发布之日起废止了《中小企业标准暂行规定》。《划型标准》将中小企业划分为中型、小型、微型三种类型，根据企业从业人员、营业收入、资产总额等指标对不同行业进行了详细的规定。由于行业性质差异较大，不同行业采用了不同的标准，如农牧渔业采用营业收入进行划分；建筑业、房地产开发采用营业收入和资产总额两个指标进行划分；其他大多数行业采用从业人员和营业收入进行划分。但随着经济发展和产业结构调整，执行中也遇到了一些问题，工业和信息化部中小企业局于2021年发布了《关于〈中小企业划型标准规定〉修订情况的说明》。各行业划型指标基本沿用现行《划型标准》，本次修订借鉴欧盟双指标交集模式，即双指标同时低于微型、小型、中型企业的阈值标准，才能划入相应规模类型，强调"小企业要有小企业的样子"。此外，中国台湾"中华经济研究院"的《中小企业认定标准之研究》报告中，提出以实收资本额、职工人数或营业额为标准对台湾中小企业进行划分，不同行业所采用的标准也不同。

（三）科技型中小企业

虽然已有文献或政策文件对科技型企业和中小型企业的认定标准不尽一致，但是从上面的梳理中不难看出"科技型"重点体现在企业科技人员占比、研发投入占比、技术成果效益方面①。而"中小型"的判断则注重企业人员规模、营业额规模、资产规模。

我国对科技型中小企业的界定始于1999年科技部、财政部发布《关于科技型中小企业技术创新基金的暂行规定》，该文件中明确规定了国内依法登记的各类中小企业申报项目支持须具备职工人数以及科技人员比例、研发投入强度等相关条件。2006年发布的"科技型中小企业技术创新基金"公告中要求申报企业满足职工人数和研发强度两项指标。2007年财政部、科技部在此基础上发布的《科技型中小企业创业投资引导基金管理暂行办法》明确规定了初创期科技型中小企业应具备的条件，分别从职工人数、研发经费比例、科技人员比例以及销售额四个方面提出了标准。各省根据地方具体情况在此基础上进行了相应的规定，其中职工人数、科技人员占比、研发经费等主要指标几乎均是参考的国家规定，但是销售额以及其他方面的规定稍有差异。科技型中小企业相关规定具体如表3.1所示。

---

① 创新基金管理中心受理处.关于科技型中小企业界定标准的研究报告［R］.科技部火炬中心，2013.

表 3.1 科技型中小企业认定标准

文件名称	研发经费比例	职工人数	科技人员占比	销售额或其他
《关于科技型中小企业技术创新基金的暂行规定》	研发费用不低于销售额的3%	不超过500人	科技人员占职工人数的10%以上；大专以上人数占职工人数的30%以上	主导产品已逐步形成批量，并进行了规模化生产
《山东省关于鼓励科技型中小企业创新发展的若干规定》	研发费用不低于销售额的5%（开工不足一年的新办企业不受此限制）	不超过500人	科技人员占职工人数的10%以上；大专以上人数占职工人数的30%以上	利润率（销售利润/销售收入）不低于20%；资产负债率不超过70%
《江苏省科技型中小企业技术创新资金管理办法》	无	无	大专以上人数占职工人数的30%以上	企业销售收入原则上在3 000万元以内；注册资金不少于30万元
《北京市科技型中小企业技术创新资金管理办法》	每年用于高新技术产品开发的经费不低于销售额的5%	不超过500人	具有大专以上学历科技人员占职工人数的比例不低于30%；直接从事科技研发的科技人员占总职工的比例不低于10%	资产负债率合理
《上海市科学技术委员会、上海促进小企业发展协调办公室关于科技创业型小企业界定的实施意见》	—	职工人数500人以下	企业至少有3名与经营范围相适应的工程师、助理研究员、讲师等中级以上技术职称的专职科技人员，有财务管理人员	企业创办人需有大专以上学历，或有发明专利创造、科技管理经验，或具有一定技术专长的科技人员
《科技型中小企业创业投资引导基金管理暂行办法》	研发费用不低于销售额的5%	不超过300人	科技人员占职工人数的10%以上；大专以上人数占职工人数的30%以上	销售额3 000万元以下；净资产额2 000万元以下
《天津科技型中小企业认定实施细则（试行）》	一定的科技创新经费投入和科技创新活动	职工人数2 000人以下	具有一定的专职科技人员	年销售额3亿元；具有自主知识产权专有技术或先进知识获得的产品或服务
《科技型中小企业评价办法》	研发强度在4%以上为及格分	总人数不超过500人	科技人员占比20%以上为及格分	年销售额不超过2亿元、资产总额不超过2亿元

资料来源：笔者根据各地官网资料汇总编制。

参阅已有文献和政策文件规定，本书认为科技型中小企业是指以市场为导向，主要从事高新技术产品的研发、生产、销售，以科技创新产品、技术转让或服务等为主营业务，自负盈亏、自主经营的知识密集型经济实体。其中，职工以科技人员为主体，企业主要负责人需要具备一定的科学技术知识，每年均有研发经费支出。因此，科技型中小企业具有如下特征：主导产品的技术含量高；职工中科技人员比例较高，具有创新能力；研发投入大；风险高；成长速度快。

二、财税政策

财税政策是财政政策和税收政策的简称，是政府对宏观经济的调控措施，也具有行为导向意图。一般而言，税收政策会影响政府财政收入，是企业的支出项，因此税收优惠、税率减免等政策措施会减少企业支出，从而增加企业收益。财政政策则是政府通过资助、补贴、采购等措施激励和引导企业从事社会需要的产品生产，从而达到调控经济环境的目的。在科技型中小企业发展过程中，政府不仅要通过财政政策直接给予企业创新资金，从而缓解创新融资难问题，以及推动科技型中小企业创新发展；而且要通过税收政策减轻企业负担，达到间接资金支持的目的，并引导企业向社会需要行业投资，实现经济转型。

（一）税收政策

通过税收制度的设计给予纳税人的某些活动或某些组织形式税收优惠待遇，从而影响纳税人的纳税额和纳税人的行为，适时引导纳税人的经济活动是有利于国家社会经济发展战略的一种政策措施。我国政府针对企业创新活动实行了一系列税收优惠措施，涉及企业所得税、增值税、关税等多个税种，并且税收政策文本数量众多。为了梳理已有税收政策类型和优惠方式，通过科技部和国家税务总局网站公布的政策文本，按照如下条件对政策进行选择：以企业为服务对象，且与创新活动相关的税收政策；政策内容体现税收具体措施，指导性意见不包括在内；同一项税收政策多次完善的，以最后一次进行统计。最终选出了与科技型中小企业有关的税收政策 15 项，按照政策名称、税种以及优惠措施汇总，如表3.2 所示。

表3.2 　　　　　　　　　与科技型中小企业有关的税收政策

政策名称	优惠税种	政策措施
《财政部 国家税务总局关于企业技术创新企业所得税优惠政策的通知》	所得税	企业技术开发费按规定 100% 扣除基础上，允许在按当年实际发生额的 50% 在企业所得税税前加计扣除；研究开发的仪器和设备，价值 30 万元以下的可一次或分次计入成本费用，在所得税税前扣除
《科技开发用品免征进口税收暂行规定》	关税、增值税、消费税	免征进口关税和进口环节增值税、消费税
《国家税务总局关于实施高新技术企业所得税优惠有关问题的通知》	所得税	按 15% 税率进行预缴申报或享受过渡性税收优惠
《国家税务总局关于技术转让所得减免企业所得税有关问题的通知》	所得税	企业技术转让所得减免所得税
《科技重大专项进口税收政策暂行规定》	进口关税和进口环节增值税	免征进口关税和进口环节增值税
《研发机构采购国产设备退税管理办法》	增值税	按付款比例和增值税发票上注明的税额实施退税
《财政部 国家税务总局关于软件产品增值税政策的通知》	增值税	自行开发或进口但本土化改造的软件产品按照 17% 税率征收增值税后，对其增值税实际税负超过 3% 的部分实行即征即退政策
《财政部 国家税务总局关于进一步支持小微企业增值税和营业税政策的通知》	增值税	对月销售额 2 万元至 3 万元的增值税小规模纳税人，免征增值税；对月营业额 2 万元至 3 万元的营业税纳税人，免征营业税
《财政部 国家税务总局关于完善固定资产加速折旧企业所得税政策的通知》	所得税	规定的 6 个行业购进或自行建造固定资产，允许按不低于企业所得税法规定折旧年限的 60% 缩短折旧年限，或选择双倍余额递减法或年数总和法进行加速折旧。研发活动的仪器、设备，单位价值不超过 100 万元的，可以一次性在计算应纳税所得额时扣除

政策名称	优惠税种	政策措施
《财政部 国家税务总局 发展改革委 工业和信息化部关于进一步鼓励集成电路产业发展企业所得税政策的通知》	所得税	2017 年前实现获利的，自获利年度起，第一年至第二年免征企业所得税，第三年至第五年按照 25% 的法定税率减半征收，并享受至期满为止；2017 年前未实现获利的，自 2017 年起计算优惠期，享受至期满为止
《财政部 国家税务总局关于高新技术企业职工教育经费税前扣除政策的通知》	所得税	职工教育经费支出，不超过工资薪金总额 8% 的部分，准予在计算企业所得税应纳税所得额时扣除；超过部分，准予在以后纳税年度结转扣除
《财政部 国家税务总局关于进一步完善固定资产加速折旧企业所得税政策的通知》	所得税	新购进的固定资产，可由企业选择缩短折旧年限或采取加速折旧的方法：小型微利企业 2015 年 1 月 1 日后新购进的，单价不超过 100 万元的，允许一次性计入当期成本费用在所得税前扣除；单价超过 100 万元的，可由企业选择缩短折旧年限或采取加速折旧的方法
《财政部 国家税务总局关于将国家自主创新示范区有关税收试点政策推广到全国范围实施的通知》	所得税	居民企业的年度技术转让所得不超过 500 万元的部分，免征企业所得税；超过 500 万元的部分，减半征收企业所得税
《财政部 国家税务总局 科技部关于完善研究开发费用税前加计扣除政策的通知》	所得税	按照本年度实际发生额的 50%，从本年度应纳税所得额中扣除；形成无形资产的，按照无形资产成本的 150% 在税前摊销

资料来源：笔者根据科技部和国家税务总局网站的政策文本自行编制。

　　我国科技创新政策不断完善，也在逐步细化和加大支持企业研发投资，例如，《关于企业委托境外研究开发费用税前加计扣除有关政策问题的通知》是针对企业委托境外研发费用扣税的相关规定。《关于进一步提高科技型中小企业研发费用税前加计扣除比例的公告》，针对科技型中小企业研发费用加计扣除进一步加大支持力度，规定中明确提出："科技型中小企业开展研发活动中实际发生的研发费用，未形成无形资产计入当期损益的，在按规定据实扣除的基础上，自 2022 年 1 月 1 日起，再按照实际发生额的 100% 在税前加计扣除；形成无形资产的，自 2022 年 1 月 1 日起，按照无形资产成本的 200% 在税前摊销。"2022 年党中央、国务院根据经济发展形势出台了新的组合式税费支持政策后，国家税务总局围绕创新创业的主要环节和关键领域进一步梳理归并成 120 项税费优惠政策措施，覆盖企业整个生命周期。

由此可见，我国坚持阶段性措施与制度性安排相结合，使得我国政策体系越来越全面和完善。所得税税收优惠是一系列优惠措施中使用最多的方式，包括所得税税率优惠、所得税减免、技术研发费用或职工教育经费税前扣除以及固定资产加速折旧。增值税主要以免征或退税为主，其他税种优惠措施有限。基于上述优惠措施，从纳税人的角度来看，税收政策的主要目的有：（1）通过税率调整、税收减免措施引导或激励纳税人投资行为。如《财政部 国家税务总局关于企业技术创新有关企业所得税优惠政策的通知》以及之后的研发加计扣除的政策改变，都是通过提高扣除费用额，减少税费缴纳，激励企业加大技术研发投入，而《国家税务总局关于实施高新技术企业所得税优惠有关问题的通知》则鼓励企业从事高新技术产业的生产和经营。由此可见，国家通过低税率引导企业投资有利于经济发展战略规划的产业，从而实现产业结构调整的目的。（2）通过对特定的创新活动给予全部或部分税收减免，从而激发活力，发挥更大的效益。如《关于将国家自主创新示范区有关税收试点政策推广到全国范围实施的通知》规定技术成果转让所得免征所得税，这有利于企业将已有技术成果与其他企业共享，也促进了技术成果的产业化。（3）缓解企业资金压力。对科技型中小企业来说融资较为困难，国家税收政策若干方面或项目上的减免，无疑是减少了企业的资金压力，从而也会增加企业从事创新投资的积极性。

基于上述分析以及已有的税收政策文本，本章研究的税收政策是指政府为推动和引导科技型中小企业创新发展、鼓励企业加大创新经费投入强度、增加科技人员比例、积极实施技术成果转化或产业化，给予的税率优惠、税额抵扣以及税额减免等措施的相关规定。

（二）财政政策

政府通过财政资助、投资、补贴等措施，缓解科技型中小企业融资难，降低企业创新投资风险，从而推动科技型中小企业创新发展。为了解我国已有财政政策的支持方式和具体措施，通过科技部网站获得了有关科技型中小企业的财政政策，并根据政策条款进行梳理，如表3.3所示。

表 3.3　　　　　　　　　　　财政政策支持方式和措施①

财政支持方式	扶持对象	具体措施
资本金投入	初创期科技型中小企业	按创业投资机构实际投资额 50% 以下的比例跟进投资
	科技型中小企业	投入金额一般不超过企业注册资本的 20%
无偿资助	初创期科技型中小企业	给予"辅导企业"投资前资助，用于技术研发费用支出，支持额不超过 100 万元；给予"辅导企业"投资后资助，用于高新技术产品产业化的费用支出，支持金额不超过 200 万元
	科技型中小企业	主要用于技术创新产品中研究开发及中试阶段的补助、科技成果转化补助，资助额一般不超过 100 万元，个别重大项目不超过 200 万元
资金奖励	所有企业	对转化科技成果做出突出贡献的企业，政府可给予一次性资金奖励
研发投入补贴	科技型中小企业	对于研发投入占企业总收入比例达到 5% 以上的科技型中小企业，探索多种形式的鼓励、补贴机制
贷款贴息	所有企业	技术更新改造贷款项目的贴息率最高不超过该项目当期的银行贷款利率，贴息期限最多不超过 3 年
	科技型中小企业	一般按照年利息的 50%～100% 给予补贴，贴息额一般不超过 100 万元，个别重大项目一般不超过 200 万元

资料来源：笔者根据科技部网站相关政策汇总编制。

　　从表 3.3 中的财政支持方式来看，我国目前对科技型中小企业的财政政策主要有事前支持和事后支持两种，其中资本金投入、无偿资助为事前财政支持，而贷款贴息、资金奖励和研发补贴则是事后财政支持。无论是事前支持还是事后支持，从企业角度来看财政政策主要目的为：（1）激励科技型中小企业从事创新活动。2011 年财政部、科技部联合发布《国家科技成果转化引导基金管理暂行办法》，其目的在于加速推动科技成果转化与应用，引导企业加大科技成果转化投入，因此通过资金奖励的方式激励企业实施成果转化。而研发投入补贴则是鼓励科技型中小企业加大研发投入，因为研发投

① 表 3.3 中的资料主要根据以下几个文件编制：《科技型中小企业创业投资引导基金管理暂行办法》《国家科技成果转化引导基金管理暂行办法》《关于进一步促进科技型中小企业创新发展的若干意见》《技术更新改造项目贷款贴息资金管理办法》。

入是企业创新活动重要环节，且研发活动成功率低，企业投入积极性不高，通过政府政策措施的引导有利于企业增加创新投入。（2）缓解企业融资困难。科技型中小企业由于抵押物少、创新投资风险高等特点致使企业融资困难。政府通过无偿资助或资本金投入的方式直接给予企业资金支持，从而为企业创新项目的研究开展提供了基础保障；贷款贴息则为科技型中小企业降低了贷款成本。

基于上述分析以及已有财政政策采取的支持方式和具体措施，本章研究的财政政策是指政府为鼓励科技型中小企业从事创新活动，加大创新经费投入，以及加快技术成果转化或产业化，给予的无偿资助、贷款贴息、研发补贴、资本金投入以及科技奖励等财政支持措施的相关规定。

三、外部融资

美国经济学家格勒和肖（Gurley and Shaw，1960）根据资金来源的不同，将企业融资方式分为内源性融资和外源性融资，也被称为内部融资和外部融资。内部融资是企业利用内部自有资金，即累积未分配利润等筹集投资项目所需资金的行为，内部自有资金主要包括折旧基金、留存收益以及处置长期资产获得的资金等。内部融资程序简单，不需要支付利息、手续费等费用，因此，融资优序理论认为内部融资是融资方式中的首选，特别是科技型中小企业在外部融资困难的情况下，内部融资更是企业融资的重要渠道。但自有资金毕竟有限，没有一家企业只依靠内部融资发展壮大，许多发展中国家中小企业的资金主要靠的是外部融资（Claessens，2007）。

外部融资包括企业发展过程中的股权融资和对外举借的各类债务。随着我国主板、中小板、创业板和新三板市场的建立，我国多层次资本市场基本形成，为科技型中小企业股权融资提供了更多的机会。另外，金融发展制度越来越完善，融资工具不断创新，外部债务融资工具也越来越多样化，科技型中小企业可以选择适合自身融资的债务融资工具。例如，2005 年 5 月，中国人民银行发布了《短期融资券管理办法》以及两个配套文件，允许符合条件的企业在银行间债券市场向合格机构投资者发行短期融资券，这是我国融资工具的重大突破，对企业拓宽融资渠道意义重大。2008 年 4 月 15 日，中国银行间市场交易商协会颁布《银行间债券市场非金融企业债务融资工具注册规则》《银行间债券市场非金融企业中期票据业务指引》等七项自律规则，标志着我国的中期票据推出，结束了企业中期直接债务融资工具长期缺失的局面。

本章所提到的外部融资是指外部权益融资和外部债务融资，但在我国目前的制度背景和中介主导型的金融结构体系下，中小企业技术创新资金的主要来源是外部债务融资（王珍义，2011）。因此下面章节关于财税政策对外部融资的影响、外部融资对企业创新等相关问题的实证分析中，主要采用外部债务融资作为外部融资的替代变量进行研究。

四、创新绩效

国内外文献多用"创新绩效"来表示企业创新的"业绩"或"效果"，因此，创新绩效的界定先要明晰"创新"的含义，但目前学术界对创新尚未有统一规范的界定。熊彼特在 1912 年详细阐述了创新，并将其与发明进行了区分，认为创新不仅包括新产品或新生产方式的应用，还包括开辟新市场、开发新原材料或半成品供应基地以及采用新的组织形态，该定义中的创新包括产品创新、工艺创新、组织创新以及市场创新。而兰思提（Lansiti，2004）认为创新是不同的发明与现有产品和要素整合的产物，强调以产品创新为主。恩斯特（Ernst，2001）认为创新是指从一个创新想法的产生到产品进入市场的全过程，主要包括新创意的产生、研究开发、产品试制、新产品的生产制造等（陈劲和陈链芬，2006；陈劲和郑刚，2009）。由此可见，创新的含义有广义和狭义两个不同观点，这也导致了衡量创新程度的"创新绩效"概念界定多样化。

目前对"创新绩效"的阐述中，一种观点从创新的效益角度进行概述，认为创新绩效是指企业引进新技术或者新设备的比率，通过创新活动增加企业的技术积累和新产品产出，给企业带来经营业绩提升，即经济效益增加；同时技术水平提高和市场份额增大也会提高企业的竞争能力，增加企业社会影响力，即社会效益增加（孙莹，2013）。另一种观点从创新全过程的动态演变进行概述，认为创新绩效是一个动态概念，不仅包括企业开展创新活动产生的最终效果，还应包括创新过程中企业创新动力的提升、创新能力的提高、生产工艺的改进以及新产品的产生等全过程的成果（杨宏进，1998）。

在上述对创新绩效概念界定的基础上，由于本书研究对象是科技型中小企业，大多数企业处于初创期或成长期，其创新投入以及创新能力提升是最为重要的环节，因此仅仅以创新效益衡量科技型中小企业的创新绩效，则无法反映其潜在的创新发展前景。为此，本书将企业创新全过程中关键环节概括为：创新决策→创新能力→创新实施→创新实现。与此对应的创新绩效则包括：创新决策中创新投入情况，创新能力中技术成果产出情况，创新实施中产品创新、工艺创新等创新转化情况，以及创新实现中销售能力和经营业绩情况，对这几个方面的综合衡量则为本书中的创新绩效。

第二节　创新相关理论

一、创新动力理论

"动力"在汉语词典中的解释是推动工作、事业前进和发展的力量，即驱动某一事物发生的条件和因素的集合。由此可推导出创新动力的概念，即创新主体受到内外部影响因素的驱动，产生创新欲望，从而从事创新活动的一系列约束条件和因素的集合（张国强，2010）。1912 年熊彼特（Schumpeter）在《经济发展理论》一书中提出创新是经济增长和企业发展最重要的驱动力，认为企业家采用一种新的生产函数，将生产要素进行新"组合"，从而获得"超额利润"。1939 年和 1942 年熊彼特的专著《经济周期》《资本主义、社会主义和民主主义》出版，熊彼特的创新理论体系逐渐形成。该理论突出企业家和技术在推动经济、社会发展过程中的作用。随后经济学家根据不断变化的经济环境，对创新理论进行了演化，创新动力研究也得到丰富，形成了技术推动论、需求拉动论、政府政策驱动论等代表性动力论。

（一）技术推动论

以熊彼特为代表的早期创新理论提出者是技术推动论的主要倡导者，他们认为创新活动从科技研发到生产制造再到新产品市场销售的过程中，或多或少是一种线性过程，且新技术的发明和出现推动企业家从事创新活动。技术推动论认为技术是提升生产效率、推动经济增长的重要助推器。法国社会学家奥格本（Ogburn，1933）表示知识和技术的社会积累是推动技术创新的根本动力，在没有社会需求前提下，技术创新已经发生。加尔布雷斯（Galbraith，1952）表示1850年之后的科学发展已经在使一项新发明转化为生产力之前就可以预测未来发展前景与发展潜力，极大地降低了技术创新的不确定性，提高了技术创新的成功率。技术推动论假设创新活动经费投入越多，就能够创造出越多的新产品，科学发现或技术发明驱动技术创新的产生。科学发现是技术创新的主要源泉，通过研发、创新成果产出、成果转化、生产和销售，开拓产品市场，因此是技术创新推动新市场创造。巴萨拉（Basalla，2000）认为以内燃机为动力的发明，推动了汽车运输市场的发展，而汽车的发明绝不是由马匹短缺引起的。

（二）需求拉动论

需求拉动论认为创新动力源自市场需求，创新目的就是创造出适合市场需求的产品。创新活动是按照市场需求—科技研发—生产制造—新产品销售的过程进行的。美国经济学家施穆克勒（Schmookler，1966）对1840～1950年间美国四个主要资本货物部门及部分消费品工业部门的专利权数与投资额进行了统计分析，结果显示技术创新的主要驱动力是市场需求，为此提出了"需求拉动模型"。随后，梅耶斯和马奎斯（Myers and Marquis，1969）根据5个产业中567项技术创新项目的抽样调查，发现市场需求拉动了3/4创新项目的开展，结论支持施穆克勒的创新需求拉动论。罗伯茨（1999）统计发现，技术创新活动约 22% 是因技术推动产生的，而约 78% 的创新活动是由需求拉动引起的。随着市场经济的发展，消费者对商品有了更高的要求，同时国际经济由高速发展逐渐转向稳定或低速发展，企业的技术创新和产品开发越来越关注市场需求，并使市场需求逐渐成为企业技术创新和产品开发的出发点与战略重点。但是需求驱动创新强调研究市场机会对于企业的重要性，通常因需求而导致的技术创新大多都是产品创新或工艺创新，创新周期短。

（三）政府政策驱动论

政府政策驱动论认为经济发展需要政府制定一系列的政策，优化资源配置，推动产业或企业的技术创新，政府政策在推动技术创新中起着重要的作用。英国经济学家弗里曼（Freeman，1987）首次提出国家创新系统的概念，该系统是由政府机构、大学与企业构成的网络系统，在这个系统中相互学习、扩散、转移和应用新知识和新技术。创新成败取决于国家对社会经济范式适应技术经济范式的调整能力，应特别关注"政府政策"因素。波特（Porter，1990）发表《国际竞争优势》一文，提出国家竞争力的钻石理论，表明影响国家竞争优势的四个因素都与政府政策有关，认为是否具有国家竞争力的关键是该国是否有效地形成竞争环境和推动创新。帕特尔和帕维特（Patel and Pavitt，1994）表示不同国家在技术投资上的政策是不同的，从而导致国际技术差距在扩大。随后肯尼迪、威扎克、菲尔普斯等把政府政策作为一个驱动因素，提出了纳入政府作用因素的三元论。在市场非强势有效的现实背景下，政府政策具有规制的作用，也具有引导和激励的作用，已有研究表明政府财税政策对企业技术创新活动具有促进效果（Consuelo and Pazo，2008；Mayer，2010）。

创新动力理论的研究不断丰富发展，技术推动论、需求拉动论是从单一维度（即一元论）研究创新动力源，显然存在片面性。技术推动观点解释不了市场条件，需求拉动观点忽视技术能力作用，因此，理论界提出了推拉模式，技术推动论和需求拉动论的折中观点，即二元论。后来的研究者把政府政策作为创新动力源加入二元论中形成了三元论。在此基础上，创新动力的影响因素不断扩展，逐渐加入企业家能力、企业家精神等因素形成了四元论、五元论等。创新是一个复杂的系统，创新动力理论从多角度说明了创新是由多因素共同作用推动发展的。

研究财税政策对科技型中小企业创新绩效的影响，需要清楚科技型中小企业开展创新活动的动力因素。从创新动力理论梳理可以看到：驱动企业创新发展的因素有技术、市场需求、政府政策以及企业家等。但技术推动论无法解释我国专利转化率低、科技成果无法转化为生产力的现实。需求拉动论无法解释有些技术创新并非因市场需求拉动产生，如汽车发明并非由马匹短缺所引起。政府政策对创新发展具有驱动作用得到较多文献的支持和肯定，波特钻石模型中强调政府政策的作用不可忽视，但政府能做的仅限于创新发展的环境创造和优化，以及为企业创新提供部分资源。政府政策驱动效果最终要落实到企业上，因为技术成果转化需要企业来完成，产业升级和转型也需要企业才能实现。科技型中小企业是创新发展中的重要主体，而已有文献中以科技型中小企业为对象研究财税政策作用效果的较少，特别是非上市的科技型中小企业更少。因此，本书以非上市的科技型中小企业为对象研究财税政策对创新绩效的影响，以期对创新动力理论起到补充和丰富的作用。

二、创新的市场失灵理论

在完全竞争条件下市场机制能够通过调节达到资源的有效配置状态，但完全竞争条件只是一种理想假设，现实中信息不对称、外部性等现象普遍存在，这是市场经济自身无法克服的固有缺陷，即"市场失灵"，严重影响了资源配置效率。20 世纪 60 年代，最早由创新学派代表人物纳尔逊和新古典经济学代表人物阿罗（Arrow），运用市场失灵理论研究技术创新问题，他们认为创新活动的外部性以及不确定性是技术创新过程中市场失灵的根源。

（一）创新活动的外部性

"外部性"源自马歇尔在《经济学原理》中提出的"外部经济"一词，是指一个经济主体的行为对其他社会群体产生了有利或不利的影响，这种有利影响带来的收益（正外部性）或不利影响带来的损失（负外部性），都非经济主体本身所能获得或承担的。由于外部性的存在，使得社会成本低于私人成本，社会收益高于私人收益，导致社会资源配置效率低下，因此外部性是造成市场失灵的重要原因之一。

创新活动的外部性主要表现为正外部性，即科技型中小企业的创新活动产生的私人收益小于社会收益。一种卓有成效的发明的私人回报率的中位数是27%，而其社会回报率的中位数可达到99%，几乎是私人回报率的4倍（Tewksbury et al.，1980）。赵增耀和章小波（2015）通过两阶段非合作博弈模型分析表明协同创新不仅表现为价值链不同环节之间的价值链溢出效应，而且表现为不同创新空间之间的空间溢出效应。创新活动具有正外部性的主要原因有：一是创新成果的可模仿性。技术占优势企业的原始创新产品一旦流通于市场并获得超额利润，技术落后企业会进行追逐和模仿，从而使得技术占优势企业的超额利润消失，而技术落后企业因模仿新产品而获得一定市场份额。二是创新信息的外泄性。企业与其他组织的协同合作创新，以及创新产品的供产销等决定了企业与其他组织存在必然的联系，而这种联系提高了创新信息在关系组织中泄露概率，即联系效应（李平，1999）。尽管创新活动的正外部性有利于增加社会福利，但因原始创新成果收益无法独享，甚至会因创新产生较大的损失，因此正外部性在一定程度上会削弱企业的创新积极性。

（二）创新的不确定性

不确定性最早是概率论术语，是指随机事件发生与否或随机变量的取值在事先是不知道的。创新活动不确定性概念的描述因分析角度不同而存在差异，如把不确定性与风险相联系、把不确定性看作行动的约束条件、把不确定性理解为某种不可能性（吴永忠，2002）等。

技术创新活动面对的是一个具有不确定性的世界，主要体现在新技术开发与转化的不确定性和资金充裕程度的不确定性两方面（杜伟和魏勇，2001）。（1）新技术开发与转化的不确定性。一项技术从科学原理到完全应用于生产，需要经历研发、实验室实验、中试等多个环节，才能判断是否能够进行生产，并在生产过程中进行改进成为成熟的技术。然而在这个过程中信息、自身科研能力、设备、环境等条件约束都有可能导致技术开发的滞缓，甚至中断。随着创新过程向前推进，创新成功率也在不断提高，有关研究表明，创新的前期阶段如实验室样品阶段和中试阶段的成功率低于50%，而中试之后的产业化阶段成功率可达80%，但创新程度越高的项目，各阶段的成功率会越低，不确定性就越高（孙莹，2013）。即使技术开发成功并应用于生产，还会面临市场销售问题。新产品是否能够被消费者认同，对原有产品是否存在替代效应，这些都会影响新产品的市场份额。因此创新活动在科学原理—研发—实验—生产—销售这个链条中每个环节都存在不确定性，对创新主体积极主动进行创新活动具有阻碍作用。（2）资金充裕程度的不确定性。由于创新活动属于高投入、高风险的经济活动，在企业研发、中试与生产时设备调整等环节上需要大量的资金注入。一般来说，企业内部资金根本无法满足企业创新活动的资金需求，必须依靠外部融资。外部融资方式中向金融机构借款是企业首选，但是金融机构在发放贷款时，资金的安全性是其考虑的首要因素，而创新项目恰恰风险性较高，因此金融机构在预见不到项目未来效益的情况下，不会提供贷款。而权益融资可以从风险投资机构和股权市场获得，但是进入股权市场需要满足进入门槛，只有较少的优质科技型中小企业才具有该资格，而目前我国风险投资环境尚未成熟，风险投资的支持力度远远不够。即使科技型中小企业获得了风险投资，投资的额度也不大，且风险投资机构倾向于向成长期和扩张期企业投资，对初创期企业的投资较少（马琳和张佳睿，2013）。资金是创新活动开展的基础保障，一旦资金供应不足，创新活动就会被迫中断，甚至会因此给企业带来毁灭性损伤。

从创新的市场失灵理论梳理可以发现，创新的正外部性以及不确定性得到了较多文献研究支持和经验证实。科技型中小企业规模不大，资金不足，倾其所有开展创新活动，不仅要承担科技型中小企业高死亡率的风险，而且正外部性也会影响企业的私人收益。因此创新的市场失灵理论为科技型中小企业创新投入不高、创新能力有待加强提供了解释，也为政府政策调控创新环境，引导和激励科技型中小企业从事创新活动提供了理论支持。

第三节　融资相关理论

科技型中小企业适合什么样的融资结构模式，哪些因素影响或困扰科技型中小企业的外部融资？这对解决科技型中小企业发展的瓶颈——融资难问题至关重要。融资相关理论为分析科技型中小企业的融资问题提供了理论基石。

一、融资结构理论

融资结构又称资本结构，从传统的融资结构理论到现代融资结构理论，均是在企业同质性基础上确定最优融资结构，而忽视了企业的异质性或特殊性。但普适性的结论对分析科技型中小企业的融资也具有重要的借鉴意义。

（一）MM 理论

MM 理论的首次提出是在莫迪格里尼和米勒（Modigliani and Miller, 1958）于《美国经济评论》发表的《资本成本、公司财务与投资理论》一文中，其构建了资本市场完全有效、投资者风险预期收益相同、不存在交易成本和税收等一系列假设，因此该阶段理论也被称为无公司税的 MM 理论。该理论认为低负债公司的权益资本成本要低于高负债公司，但是低负债公司的风险程度也低于高负债公司。因此，在只考虑息税前利润和风险报酬（即资本成本）情况下，低成本带来的收益恰好与高风险带来的权益资本成本的上升完全抵销，企业融资结构不受负债多少的影响。而实践中完全竞争资本市场是不现实的，公司所得税和交易成本普遍存在，为此，莫迪格里尼和米勒在1961年发表了《企业所得税和资本成本：一个修正》，在该文中首次引入企业所得税对初始模型进行修正，形成了有公司税的MM理论。在放宽公司所得税假设条件后，公司因负债而发生利息支出会对公司税收产生屏蔽效应，从而为公司带来税收节约价值，因此负债越多，公司的价值就会越大，负债为100%时，公司价值达到最大值。显然，100%负债的融资结构理论是有悖于客观事实的，于是，1977年米勒在《负债与税》一文中进一步引入个人所得税因素，表示在同时考虑公司所得税和个人所得税的情况下，公司节税收益的多寡会因各种税的税率不同而有差异，并提出有负债公司价值等于无负债公司价值加上节税收益。

从无税的MM理论到有税的MM理论，假设条件得到了一定的放宽，仍无法符合现实状况。但MM理论为融资问题提供了一个框架和思路，融资结构以公司价值最大化为目标，在假设环境下，未来预期收益、资本成本以及税收是影响融资的主要因素。

（二）权衡理论

负债融资在给公司带来节税收益的同时，也会增加公司的财务危机概率，为此，权衡理论在MM模型基础上加入财务危机成本和代理成本。权衡理论的早期模型对负债的节税收益优势和财务危机成本的劣势进行权衡（Milier，1977），吉沃利（Givoly，1992）研究了1986年美国的税制改革，发现个人所得税和企业所得税对企业融资结构有影响，且负债融资在一定程度上能够替代非负债融资。随着"所有权"和"控制权"分离的现代公司制的形成，詹森和麦克林（Jensen and Meckling，1976）开创了金融学的代理成本理论，并研究表明代理成本的存在使企业未来现金流量的概率分布与融资结构相关，代理成本是公司融资结构的影响因素。因此，负债公司价值等于无负债公司价值加上节税收益减去财务危机成本减去代理成本。

(三) 信息不对称的融资结构理论

20世纪70年代信息不对称理论的创立，推动了公司融资结构理论的进一步完善。罗斯（Ross，1977）首次将信息不对称理论引入到公司资本结构分析中，将融资方式视为公司内部人向外部投资者传递的信号，且负债融资是这种信号传递的理论工具，表示公司经营者通过负债融资预示着经营者对未来有较高的期望，公司价值也会随之增加。后来劳内里（Raunery，1986）、波伊特文（Poitevin，1989）研究表明负债融资具有信号效应，能够提高公司价值。梅耶斯（1984）、梅耶斯和梅杰耶夫（1984）提出融资优序理论，认为公司内部人和外部投资者之间存在信息不对称，当公司发行股票进行融资时，会向市场传递坏的消息，导致公司价值下降。公司不同融资方式偏好与信息不对称有关，按照融资成本最小化原则，公司融资次序一般为：内部融资、债务融资、股权融资。融资优序理论对中小企业融资方式的选择具有较好的解释能力，得到研究者的验证（Bhara et al.，2009；Mateev et al.，2013）。

融资结构理论取得了丰富的成果，从融资方式的成本节约效应、代理问题、信号效应等角度分析企业最佳的融资策略，从而提升企业价值。然而融资结构理论是以企业价值最大化为决策依据，忽视了企业融资的现实背景。科技型中小企业由于创新风险高、投入周期长等特征导致外部融资困难，可供选择的融资方式有限。在这样的现实背景下，科技型中小企业虽然以企业价值或利润最大化为经营目标，但是先要解决企业生存和发展中的资金问题。在国家宏观政策的调控下企业外部融资环境是否提升了科技型中小企业外部融资能力，拓宽了融资渠道呢？这需要根据事实数据进行分析检验。因此本书在融资结构理论基础上，实证分析财税政策对科技型中小企业外部融资的影响，是对融资结构理论的检验，也为财税政策调控融资环境效果提供依据。

二、金融周期理论

金融周期理论认为企业融资结构是一个动态变化的过程，在企业发展的不同阶段，其融资需求和融资渠道也不同。韦斯顿和布里格姆（Weston and Brigham，1970）将企业成长过程分为初创期、成熟期和衰退期三个阶段，并阐述了不同阶段的融资渠道和特点，提出了金融周期理论。韦斯顿和布里格姆（1978）对该理论进行了扩展，将企业生命周期分为创立期、成长期Ⅰ、成长期Ⅱ、成长期Ⅲ、成熟期和衰退期六个阶段，认为企业不同生命周期中资本结构、销售额和利润等特征存在较大差异，导致企业不同成长阶段的融资来源和方式不同。伯格和尤德里（1998）根据影响企业融资的规模、资金需求、企业成立时间等因素构建了企业融资模型，对金融周期理论进行修正。研究表明在企业不同成长阶段应该安排不同的融资方式，在初创期主要依赖内源性融资，在成长期可以通过金融中介获得一定的外源融资（主要是金融机构贷款），在成熟期可以通过发行债券或股票进行融资，在衰退期金融资金逐渐撤出，企业需要寻求新的生存和发展机会。随后学者以中小企业数据资料为依据检验金融周期理论，得到了支持。格雷戈里和卢瑟福（Gregory and Rutberford，2005）运用1994～1995年954家美国中小企业融资调查数据，研究表明企业规模对融资结构的影响最大，且初创期企业更偏向于使用股权融资和长期负债，而不是风险投资和中期负债。拉罗卡（LaRocca，2011）以意大利中小企业为对象研究企业生命周期不同阶段的融资选择和融资结构，发现年轻企业由于缺乏股权融资来源，因而更加依赖外部债务融资，银行在年轻企业融资中具有重要地位，而成熟型企业则会用内源融资替代债务融资。我国学者吕宏生和何健敏（2005）、曹宗平（2009）、陈玉荣（2010）、吴琨和舒静（2011）等以科技型中小企业为研究对象，分析阐述了企业不同成长阶段的融资策略选择，从而证明了金融周期理论。虽然已有研究对企业不同成长阶段的划分以及各阶段所采用的主要融资方式存在争议，但是企业融资结构选择中金融周期理论的重要作用得到了一致认可。

金融周期理论为科技型中小企业生命周期不同阶段可供利用的融资渠道和融资方式提供了理论依据，但科技型中小企业生命周期与技术创新过程密切相关，不同阶段企业的创新特点存在差异，对财税政策需求也不同。在我国当前背景下，科技型中小企业融资特点是否与金融周期理论相符？我国财政政策和税收政策对不同阶段的科技型中小企业融资作用是否有差异？现有文献对科技型中小企业不同阶段融资问题的研究多停留在理论探讨上，缺少实证研究。科技型中小企业从创意产生到技术成果产业化是一个复杂的过程，因此，在借鉴国内外文献研究的基础上，分析科技型中小企业融资和创新特点，检验财税政策对不同阶段融资和创新绩效的影响，不仅有利于丰富金融周期理论，也为财税政策制定提供参考。

三、信贷配给理论

在完全信息和交易费用为零的有效市场假设条件下，利率能使信贷市场出清，企业无论采用哪种融资方式和需要多少融资额都没有任何问题。但现实中这种完美市场是不存在的，借款人即使愿意支付放贷者要求的利率，甚至愿意支付更高的利率，仍然不能借到所需要的数额，这种现象就是受到信贷配给的限制。根据有没有政府干预，信贷配给理论可分为均衡信贷配给理论和非均衡信贷配给理论（刘艳华和王家传，2008）。

（一）非均衡信贷配给理论

由于政府管制因素使得金融机构的贷款利率低于瓦尔拉斯市场出清利率而产生信贷配给现象即非均衡信贷配给（刘艳华和王家传，2008）。许多经济学家认为政府制度对信贷市场资金供求的限制导致了信贷配给和不完善的市场竞争（Kareken，1957；Hodgman，1960）。随着金融抑制理论的产生和发展，非均衡信贷配给理论得到了丰富和完善（McKinnon，1973；Shaw，1973）。金融抑制源自政府对金融市场的高度管制，政府规定的利率低于市场均衡水平，导致市场对贷款的需求过度，因而为了满足政府目标集团的资金需求采取信贷配给，这是信贷的行政性配给（廖肇辉，2005）。国内学者结合中国实际情况对信贷配给理论进行了研究，认为伴随我国金融体制变迁，产生了信贷配给（古文威，2000），特别是国有银行无法避免对中小企业的信贷配给（杨再斌和匡霞，2003）。另有一些国内学者研究表明风险投资机制、担保机制、信息披露、政策不稳定等因素导致科技型中小企业信贷配给，因此，提出建设科技银行、发展风险投资行业、完善担保机制等措施，促进科技型中小企业多样化融资。

（二）均衡信贷配给理论

均衡信贷配给理论研究了没有政府干预的竞争性市场条件下信贷配给问题，认为信贷配给可以作为一种长期均衡现象而存在（刘艳华和王家传，2008）。斯蒂格利茨和韦斯（1981）在《不完美信息市场中的信贷配给》一文中提出信贷配给是放贷者和借款人之间信息不对称造成的均衡现象，借款人愿意支付更高的利息而放贷者仍然不愿意提高利率，通过道德风险和逆向选择对此现象进行了解释。从道德风险角度来看，如果放贷者提高利率，收益下降可能会使借款人失去动力，致使借款人追求较高私人收益的项目，而放弃现有项目，甚至参与欺诈。也就是说，放贷者因利率上升可能会降低贷款获得偿付的可能性。从逆向选择角度来看，在放贷者无法区分借款人信誉好坏的情况下，高利率比较容易吸引低信誉的借款人，与高信誉的借款人相比，低信誉的借款人更容易违约，受利率上升的影响小，因此，放贷者愿意保持低利率，以便吸引更多高信誉的借款人。

产生信贷约束的主要原因是信息不对称产生的代理成本问题，因此降低借款人和资金供给者之间的信息不对称，降低代理成本，是减少信贷配给的关键。斯蒂格利茨和韦斯（1981）表示提高抵押要求对缓解信贷配给有正向激励作用。但对于科技型中小企业来说，实物资产少，缺少抵押品，因此科技型中小企业较难通过抵押获得银行贷款。伯格和尤德里（1990）利用超过100万个商业信贷合同数据库的数据，分析发现风险较高的借款人具有较多的担保和抵押。伯格和尤德里（1995）提出关系型融资能够有效解决由信息不对称导致的信贷配给。关系型融资是借助银行与企业长期合作积累的"软信息"，从而获得资金的融资方式，这些"软信息"通常无法从公开市场获得。虽然抵押或担保与信贷风险正相关，但是抵押或担保不能消除所有的信贷配给（Wang，2000）。

科技型中小企业受抵押物少、投资风险高等因素影响，更容易遭受金融机构的信贷配给，致使企业外部融资困境。政府财税政策的资金资助是否对科技型中小企业从事创新活动起到促进作用？财税政策是否具有信号效应，缓解科技型中小企业与外部资金供给者之间的信息不对称？本书理论分析财税政策与外部融资的关系，以及外部融资在财税政策对科技型中小企业创新绩效影响中作用机理，并通过科技型中小企业真实数据对理论分析假设进行检验，为利用财税政策缓解科技型中小企业融资问题提供依据。

第四节　财税政策相关理论

在完全竞争状态下，通过市场价格引导经济主体自发进行投融资调整，实现资源配置最优化。然而完全竞争市场是不存在的，市场机制也不是万能的。垄断、信息不对称、外部性等导致市场机制在资源配置中无效或低效，即市场失灵。针对市场失灵现象，政府需要设计出相应的规章制度来调控市场，从而提高社会资源配置效率。然而，政府规制是把"双刃剑"，可能减少市场失灵，也可能因实施规制而耗费大量的社会成本或者政府失灵导致规制无效。因此，经济学家对规制理论的研究从市场失灵到政府失灵，再到市场失灵与政府失灵结合起来，寻求解答政府机构为什么进行规制、规制代表谁的利益，以及如何进行规制等问题，并形成了公共利益理论、俘获理论以及激励性规制理论等。

一、公共利益理论

公共利益理论是一种规制的规范分析框架，主要分析为什么要进行政府规制以及怎样规制的问题。该理论产生的依据是市场失灵会影响社会经济效率和福利分配，规制反映了公众的需求，目的是纠正市场失灵和实践中存在的不公平行为。公共利益理论得到了许多经济学家的研究支持，欧文和布劳蒂甘（Owen and Braentigam，1978）认为规制是服从公共需要而提供的一种减弱市场运作风险的方式。伯吉斯（Burgess，1995）认为绝大部分政府规制的产生都可以由公共利益来解释。瓜什和哈恩（Guasch and Hahn，1999）认为政府规制的首要目的是弥补市场失灵和关注社会公平，政府规制被看作对公共需要的自然反应。于立（2001）从解决外部性的角度认为政府规制符合公共利益需求，提出对负外部性增加征税，而对正外部性进行补贴，从而影响厂商的投资偏好，使社会资源配置向最优化调整，因此政府规制是对市场失灵的弥补，能够提高社会福利水平。

公共利益理论假设政府是完全理性的，规制可以使得社会资源达到帕累托最优，进而提升社会福利，然而这种推断仅仅是规范的理论分析，没有进行实证检验；另外，大量的事实依据表明在既没有垄断也没有外部性的行业中一直存在规制行为。波斯纳（Ponser，1974）指出，规制并不必然与外部性的出现或与垄断市场结构相关，19世纪80年代后期的铁路市场规制是厂商主动要求政府去做的，根本没有市场失灵问题。1962年乔治·施蒂格勒和克莱尔·弗瑞兰德对1912～1937年美国电力事业价格规制的效果进行了研究，结果表明规制对电力价格的影响并不像公共利益理论所描述的大幅下降，电力价格只是发生了微小变化。因此公共利益理论在得到一些经济学家支持的同时，也遭到了一些经济学家的批判。

虽然政府规制的公共利益理论存在争议，但在市场机制并不完善的情况下，科技型中小企业存在外部融资难以及创新市场失灵问题，需要运用政府政策手段调控市场机制，从而促进科技型中小企业发展壮大。为此，本书依据公共利益理论，分析财税政策对科技型中小企业外部融资和创新绩效的影响，并根据调查获得的原始数据，实证分析我国财税政策对科技型中小企业创新发展的作用，以期检验财税政策是否符合公共利益理论。

二、俘获理论

自 19 世纪以来规制总是对生产厂商有利，这一现象导致俘获理论的产生。俘获理论是从规制对谁有利的角度分析为什么进行规制，认为规制是由产业需求而产生，而且产业也逐渐控制规制机构（即规制者被产业所俘获）。这一理论的最大贡献者斯蒂格勒（1971）在《经济管制理论》中指出，政府采取什么形式进行规制，规制对资源分配的影响，以及规制中受益者或受害者是谁，这些问题是规制的核心任务，并通过实证研究表明受规制产业不比无规制产业具有更高的效率和更低的价格。佩尔茨曼（Peltzman，1976）研究表明规制对被规制产业的产量和价格影响不大，规制的影响表现在收入于各利益集团之间的分配。尽管有许多研究支持俘获理论，但仍有一些事实与之相矛盾，如交叉补贴、政府对小规模生产者规制等事实并没有偏向生产者和大规模厂商。

早期的俘获理论只集中讨论被规制者，而忽视了规制机构的自利性，即通过规制获得相应的回报。经济学家对规制者被俘获的过程进行经济分析和研究，产生了寻租理论，寻租理论是俘获理论的延伸。寻租理论认为规制者利用规制手段维护被规制者的市场地位，其目的在于规制者为了获得回报，通过规制方式设立一个租金，让被规制者来争夺这个租金，从而实现规制者的私人收益。麦克切斯尼（McChesney，1987）认为，规制人员通过规制上的"便利"获得额外的收入，提出了"创租"和"抽租"的概念，把规制过程看成是一个寻租过程。拉丰（Laffont，1991）认为规制机构是自利的，如果规制机构可以通过帮助利益集团从中获得回报，那么它们肯定会制定偏向利益集团的规则。寻租理论过度关注因规制机构的自利行为而导致社会成本的增加，忽视了规制带来的社会收益，使其只能解释"坏"的规制，而不能解释"好"的规制，缺乏理论的全面性和现实的解释力。

在转型经济国家，企业有动机向规制者提供贿赂，以期获得更多政府政策照顾（Hellman et al.，2003），我国正处于经济转型时期，国有产权性质企业与规制者的关联性更强（余明桂，2011），政府政策有偏向国有企业的现象。创新驱动发展战略下，我国出台了一些政策措施促进科技型中小企业创新发展，那么产权性质差异是否会影响财税政策的有效性呢？为此，本书通过俘获理论分析产权性质在财税政策对科技型中小企业外部融资和创新绩效影响中调节效应，为检验我国科技型中小企业是否存在俘获现象提供依据。

三、激励性规制理论

激励性规制理论产生于实践，随着博弈论、信息经济学中激励理论的引入，而得到丰富和发展（余东华，2003）。激励性规制理论主要研究如何采用激励机制提高规制效率的问题，达到以较小的成本获得规制信息，提高企业生产效率。激励性规制是在信息不对称前提下，政府机构制定法律、规章和政策正面诱导被规制企业提高生产效率，提高竞争能力。英美等国将激励性规制应用于公用事业规制改革，取得了较好的效果。不仅使公用事业的收费水平降低了，而且也提高了被规制企业的生产效率。尽管在既定的现实成本状态下，规制者诱导企业按照公共利益标准进行决策，然而企业与政府目标不一致（王万山，2004），可能导致激励性规制无效，因此，激励性规制理论面临如何对企业进行激励与监督问题。

成本补偿是激励性规制模型中提出较多的激励措施。1979 年勒布和马加特（Loeb and Maga）在《关于公共事业规制的分散化方法研究》一文中开创了激励性规制理论，在需求信息共知，而成本信息不对称假设条件下，设计了一个拍卖理论中的激励相容偏好显示机制①及公共品理论相联系的"说

---

① 激励相容（incentive compatibility）也译为刺激的协调性，它用来描述这样一些机制，对于这些机制，过程的所有参与者将发现违背过程的规则是不利的。或者说，如果某种行为方式结构（configuration of behavior pattern）与人的自然倾向相符合，就被称为激励相容。

真话"机制，同时还提出一种支付规则，规制者向被规则企业支付与消费者剩余相当的补助。巴伦和迈尔森（Baron and Myerson，1982）在成本信息不对称条件下，提出把企业获得的补贴以及企业产品价格设计为企业成本报告的函数，使社会福利期望最大化，该方案即为克服逆向选择的激励相容规制。1988年萨平顿和西布利（Sappinton and Sibley）在需求信息共知、成本信息不对称条件下，添加了规制者能在一个滞后的时期观察到企业会计支出的假设，提出多时期激励模型——增量剩余补贴模型，规制者根据企业前后两期社会剩余增量给予补贴。

审计监督与社会福利的剩余索取权在激励性规制理论研究中被提出。巴伦和贝桑科（1984）认为规制机构可以通过审计途径来获得成本信息，若审计发现企业高报成本就对其进行经济惩罚。拉丰和梯诺尔（Laffont and Tirole，1986）将道德风险问题引入规制模型，认为如果让企业来承担全部成本，就会产生低产出或低报企业效率的倾向，但是规制者也不能补偿企业的全部成本。为此，可以通过把企业变成社会福利的剩余索取者，以避免低产出的发生。

在经济转型时期，我国政府采用财政资助、补贴，以及税收优惠等较多措施激励科技型中小企业创新发展，然而由于企业和政府目标的不一致可能产生逆向选择和道德风险问题，导致政府激励规制无效，也有可能因为政策文本问题导致激励规制效果有限。张明喜和王周飞（2013）对中关村示范村试点政策进行分析，表示由于政策执行成本高、政策执行力度不大等因素导致政策效果尚未凸显。为此，本书通过激励性规制理论分析财税政策对科技型中小企业创新发展的激励作用，并根据调查数据分析财税政策执行和实施情况，以及实证分析财税政策对科技型中小企业创新绩效的影响。据此，为完善我国财税政策文本、提升财税政策有效性提供建议和参考。

本章小结

本章先对"科技型中小企业"进行梳理，根据"中小型"和"科技型"

双重特点，对本书研究对象进行界定。在此基础上，分析财税政策支持企业创新的主要方式和措施，并界定了本书中财税政策内涵。财税政策的作用效果要通过科技型中小企业的外部融资和创新绩效来体现，因此在本章第一节概念界定中还明确了外部融资和创新绩效的含义。

　　本章主要目的是阐述本书研究主题的基础理论，创新动力理论为科技型中小企业创新驱动因素提供理论支撑，而创新的市场失灵理论则阐述了企业创新动力不足的原因。企业是以价值最大化为追求目标，而什么样的融资方式安排才有利于企业价值的提升呢？已有的融资结构理论给出了较好的诠释和参考。但科技型中小企业成长阶段不同，与之匹配的融资策略也不同，金融周期理论提出企业融资是一个动态变化的过程，而信贷配给理论则给科技型中小企业面临的融资问题提供思考。

　　财税政策是政府调控市场、促进社会资源配置最优化的重要手段之一。经济学家对规制理论的研究从市场失灵到政府失灵，再到市场失灵与政府失灵结合起来，分别提出了公共利益理论、俘获理论以及激励性规制理论。公共利益理论从提高社会福利的角度诠释财税政策重要性的一面，而俘获理论则从政府自利的角度阐述财税政策有可能失灵，激励性规制理论重点强调政府采用什么样的措施才能激励企业提高生产效率，从而发挥政府调控作用。本书以下部分将通过理论分析并实证检验财税政策对外部融资和创新绩效的有效性，根据信贷配给理论、金融周期理论以及俘获理论等分析产权性质或生命周期对财税政策作用效果的影响。

| 第四章 |

财税政策对科技型中小企业外部融资影响研究

外部融资难阻碍科技型中小企业创新发展,需要政府采取相应的政策措施对外部融资环境进行调控。财税政策始终在政府宏观调控中处于重要地位,通过财政政策和税收政策一方面给予科技型中小企业资金支持,另一方面引导社会资金的投资方向,从而缓解科技型中小企业融资问题,促进创新发展。本章首先理论分析财政政策和税收政策对科技型中小企业外部融资的影响,提出研究假设;其次根据调查数据选择有效样本,并对样本分布情况和科技型中小企业外部融资现状进行统计分析;最后实证检验财税政策对科技型中小企业外部融资的影响。

第一节 财税政策对科技型中小企业外部融资影响的理论分析

信息不对称的融资结构理论认为企业不同融资方式向资本市场传递不同信号,如果企业采用负债融资预示着对未来有较高的期望,有利于提升企业价值。融资优序理论结合融资成本和信息不对称提出企业融资方式的先后顺序,认为负债融资是仅次于内源融资的外部融资方式。负债融资作为重要的外部融资方式不仅在理论上得到认同,而且在实践中被广泛运用。梁冰

（2005）对中国人民银行调查的 1 105 家中小企业样本进行了分析，显示90%样本企业曾因资金紧张而向银行申请过贷款；在企业采取的融资方式中，82%的样本企业采用了银行贷款。然而，科技型中小企业由于规模小、抵押物少以及风险高等因素导致信贷融资约束严重。2012 年，我国大企业的贷款覆盖率为100%，中型企业为90%，而小企业仅为20%。只有29%的科技型中小企业在前 5 年中得到了贷款支持，占银行信贷总额的1%（阚景阳，2012）。

　　如何拓宽科技型中小企业的融资渠道，缓解融资困难，是科技型中小企业发展中的重中之重，也是各国政府最为关注的问题。通过专项资金、创新计划等财政方式对科技型中小企业给予支持是世界各国普遍采用的措施，如美国的小企业创新研究计划（SBIR）、英国的小企业研究和技术奖励计划（SMART）以及我国于 1999 年国务院批准设立的科技型中小企业技术创新基金等。除此之外，税收减免、贷款贴息、固定资产加速折旧等税收政策对科技型中小企业创新发展也具有重要意义。

一、财税政策对外部融资影响的信号效应分析

（一）政府财税政策支持行为对外部资金供给者行为影响分析

　　科技型中小企业对创新信息的过度保密和隐藏，使得外部资金供给者无法获得企业有价值的信息，因此，学者普遍认为信息不对称是科技型中小企业难于获得外部融资的主要原因（李莉，2015）。政府财政给予企业的无偿资助，以及税收优惠减免等政策行为意味着向外部资金供给者提供企业质量及其发展能力的有关信息，这就构成了政府与外部资金供给者之间的信号传递博弈。信号传递博弈是一种不完全信息动态博弈，在解决企业与外部市场信息不对称问题方面得到广泛应用。塔科洛和田山（Takolo and Tanayama，2008）采用信号模型检验了研发补贴对金融机构的影响，研究表明补贴降低创新项目的资金成本，并向外部投资者传递利好信号。本章借鉴罗宾

（2008）、李小静（2014）的研究，采用不完全信息动态博弈分析政府与外部资金供给者之间信号传递效应。

1. 基本假设。首先，博弈的参与者分别是政府 G 与外部资金供给者（假设为银行 B）。由于我国资本市场不发达，风险投资退出机制不完善，科技型中小企业的权益融资受到较大限制，外部融资主要依赖于外部债务融资。因此，假设科技型中小企业只能通过申请银行贷款的方式获取外部资金，且只有获得了银行贷款，企业才能实施创新项目。政府和银行都是理性的，在给定情况下依据自身期望收益最大化作出决策。

其次，政府 G 的相关假设。申请财税政策扶持的企业类型不同，其风险大小也不一样。从事基础研发的企业或创新人员少且经验不丰富的企业风险较高；而从事产品或工艺技术改进的企业或拥有经验丰富研发团队的企业风险相对较低。但政府机构拥有专家团队，对企业或项目的审核具有丰富经验，能够对企业风险高低进行区分。因此，假设政府 G 可选择的企业类型为：政府选择支持高风险企业（q^1）和政府选择支持低风险企业（q^2），即政府类型空间为 $Q = \{q^1, q^2\}$，政府选择企业的类型是私有信息。政府根据企业类型选择发出信号 m，m = $\{S, NS\}$，其中，S 为政府给企业财税政策支持，NS 为政府没有给企业财税政策支持。政府的目标函数，即社会收益函数 I(x)，满足下面条件：

$$I_H(0) = I_L(0) = 0; I_H'(x) > 1, 0 < I_L'(x) < 1 \tag{4.1}$$

其中，H 和 L 分别代表高低风险企业。如果企业的创新项目仅获得了银行贷款，社会收益函数为 I（D），D 是银行给企业的贷款额；若仅有财税政策扶持，没有获得银行贷款，企业无法开展创新项目，因此，政府的社会收益为 −S；若既获得银行贷款，也获得财税政策支持，则社会收益函数为 I（S + D）。

最后，银行 B 的相关假设。由于信息不对称，银行只知道政府是 q 类型的先验概率为 p = p(q)，p(q^1) + p(q^2) = 1。当银行收到政府 G 发出的信号后（但不知道类型），会根据贝叶斯法则对先验概率进行修正，得到后验概率为 $\tilde{p} = \tilde{p}$（q | m）。然后选择行动，银行的行动空间 A = $\{L, NL\}$，其中，L 表

示给企业提供贷款；NL 表示不给企业提供贷款。给获得财税政策支持的企业贷款时银行的收益函数为 $\pi = \theta[(1+R)(D+S)-(1+r_0)D-C_B]-(1-\theta)D$；给没有获得财税政策支持的企业贷款时银行的收益函数为 $\pi = \theta[(1+R)D-(1+r_0)D-C_B]-(1-\theta)D$；若银行不给企业贷款，无论企业是否获得财税政策支持，银行的收益均为 0。其中，R 表示银行提供信贷的期望利率；r_0 表示资金的社会最低回报率，且 $R > r_0$；C_B 表示银行为授信流程与审核机制所支付的成本；θ 表示企业创新投资成功概率，θ_H 表示高风险企业创新投资成功概率，θ_L 表示低风险企业创新投资成功概率，且 $\theta_H < \theta_L$。由于银行偏好低风险企业，因此假设对高低风险企业提供贷款时，银行的收益函数满足下列条件：

$$\{\theta_H[(1+R)(D+S)-(1+r_0)D-C_B]-(1-\theta_H)D\} < 0$$
$$< \{\theta_L[(1+R)(D+S)-(1+r_0)D-C_B]-(1-\theta_L)D\};$$
$$\{\theta_H[(1+R)D-(1+r_0)D-C_B]-(1-\theta_H)D\} < 0$$
$$< \{\theta_L[(1+R)D-(1+r_0)D-C_B]-(1-\theta_L)D\} \quad (4.2)$$

最后，$\tilde{p}(q^1 \mid S)$ 和 $\tilde{p}(q^1 \mid NS)$ 表示政府对高风险企业提供财税政策支持和不支持的概率，且 $\tilde{p}(q^1 \mid S) + \tilde{p}(q^1 \mid NS) = 1$；同理，$\tilde{p}(q^2 \mid S)$ 和 $\tilde{p}(q^2 \mid NS)$ 表示政府对低风险企业提供财税政策支持和不支持的概率，且 $\tilde{p}(q^2 \mid S) + \tilde{p}(q^2 \mid NS) = 1$。

2. 政府和银行的支付。当自然选择高风险企业类型时，如果政府选择给财税政策支持，即发送信号 S，而银行选择给企业贷款，即实施行动 L，则政府支付 $U_1(S, L, q^1) = \theta_H I_H(D+S) - S$，银行支付 $U_2(S, L, q^1) = \theta_H[(1+R)(D+S)-(1+r_0)D-C_B]-(1-\theta_H)D$；如果政府选择给财税政策支持，即发送信号 S，而银行选择不给企业贷款，即实施行动 NL，则政府支付 $U_1(S, NL, q^1) = -S$，银行支付 $U_2(S, NL, q^1) = 0$；如果政府选择不给企业财税政策支持，即发送信号 NS，而银行选择给企业贷款，即实施行动 L，则政府支付 $U_1(NS, L, q^1) = \theta_H I_H(D)$，银行支付 $U_2(NS, L, q^1) = \theta_H[(1+R)D-(1+r_0)D-C_B]-(1-\theta_H)D$；如果政府选择不给企业财税政策支持，即发送信号 NS，银行选择不给企业贷款，即实施行动 NL，则政府支付U_1（NS，NL，q^1）=0，银行支付U_2（NS，NL，q^1）=0。

当自然选择低风险企业类型时，如果政府选择给财税政策支持，即发送信号 S，而银行选择给企业贷款，即实施行动 L，则政府支付U_1（S，L，q^2）=$\theta_L I_L$（D+S）-S，银行支付U_2（S，L，q^2）=θ_L[（1+R）（D+S）-（1+r_0）D-C_B]-（1-θ_L）D；如果政府选择给财税政策支持，即发送信号 S，而银行选择不给企业贷款，即实施行动 NL，则政府支付U_1（S，NL，q^2）= -S，银行支付U_2（S，NL，q^2）=0；如果政府选择不给企业财税政策支持，即发送信号 NS，而银行选择给企业贷款，即实施行动 L，则政府支付U_1（NS，L，q^2）=$\theta_L I_L$（D），银行支付U_2（NS，L，q^2）=θ_L[（1+R）D-（1+r_0）D-C_B]-（1-θ_L）D；如果政府选择不给企业财税政策支持，即发送信号 NS，银行选择不给企业贷款，即实施行动 NL，则政府支付U_1（NS，NL，q^2）=0，银行支付U_2（NS，NL，q^2）=0。上述政府和银行的博弈过程如图 4.1 所示，括号中为政府支付和银行支付，其中，左边为政府支付；右边为银行支付。

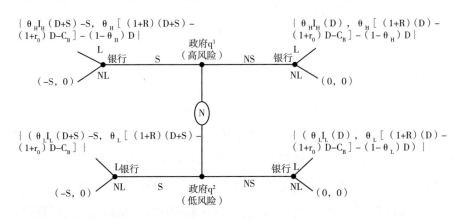

图 4.1　政府和银行的信号传递博弈

资料来源：张维迎，博弈论与信息经济学［M］. 上海：上海人民出版社，2004：190.

3. 均衡分析。精炼贝叶斯均衡可以分为分离均衡、混同均衡以及准分离均衡三种，其中，分离均衡是指不同类型的发送者以 1 的概率选择不同的信号，因此在分离均衡下，信号准确地揭示出类型。混同均衡是指不同类型的发送者选择相同的信号，因此接收者不修正先验概率。准分离均衡是指一些类型的发送者随机地选择信号，另一些类型的发送者选择特定的信号（张维迎，2004）。由于政府和银行的信号传递博弈只有两个参与者，政府只有两种类型、两种信号，因此，可以不考虑准分离均衡（周志明和陈敏，2007；李小静，2014）。下面仅对分离均衡和混同均衡进行分析。

为便于分析，将潜在均衡中的双方行为描述为：[（政府选择支持高风险企业则发送信号1，政府选择支持低风险企业则发送信号2），（银行行动1，银行行动2）]，简记为 [（信号1，信号2），（行动1，行动2）]。即支持高风险企业的政府类型发送信号1，那么银行采取行动1；支持低风险企业的政府类型发送信号2，那么银行采取行动2。如果支持高风险企业的政府和支持低风险企业的政府行为相同，则可能存在混同均衡；如果两者不同，则可能存在分离均衡。

首先，分离均衡分析。根据政府和银行博弈的类型、信号、行动进行排列组合，共有4种潜在的分离均衡，分别为：[（S，NS），（L，L）]、[（S，NS），（NL，NL）]、[（NS，S），（L，L）]、[（NS，S），（NL，NL）]。分离均衡的内在意义在于区分不同类别的信号发送者，使市场具有效率，从这点来看，[（NS，S），（L，L）]、[（NS，S），（NL，NL）]两种潜在均衡中信号颠倒了政府支持的类型，使政府财税政策支持没有发挥作用，因此，这两种潜在均衡不可能形成分离均衡。下面只对[（S，NS），（L，L）]和[（S，NS），（NL，NL）]潜在的分离均衡进行分析。

潜在的分离均衡 [（S，NS），（L，L）]，若该分离均衡存在，信号发送者必须满足：

$$U_1(S,L,q^1) \geq U_1(NS,L,q^1)；U_1(NS,L,q^2) \geq U_1(S,L,q^2) \qquad (4.3)$$

即必须满足：

$$\theta_H I_H(D+S) - S \geq \theta_H I_H(D)；\theta_L I_L(D) \geq \theta_L I_L(D+S) - S \qquad (4.4)$$

因为 $I_H'(x) > 1$，$0 < I_L'(x) < 1$，所以式（4.4）成立。

信号接收者必须满足：

$$E[U_2(L)] \geqslant E[U_2(NL)] \tag{4.5}$$

即满足：

$$\tilde{p}(q^1|S) \times \{\theta_H[(1+R)(D+S)-(1+r_0)D-C_B]-(1-\theta_H)D\}$$

$$+\tilde{p}(q^2|NS) \times \{\theta_L[(1+R)(D)-(1+r_0)D-C_B]-(1-\theta_L)D\}$$

$$\geqslant \tilde{p}(q^1|NS) \times 0 + \tilde{p}(q^2|S) \times 0 \tag{4.6}$$

由于 $\tilde{p}(q^1|S)=1$；$\tilde{p}(q^2|NS)=1$，因此式（4.6）可简化为：

$$\theta_H[(1+R)(D+S)-(1+r_0)D-C_B]-(1-\theta_H)D$$

$$+\theta_L[(1+R)(D)-(1+r_0)D-C_B]-(1-\theta_L)D \geqslant 0 \tag{4.7}$$

因为：

$$\theta_H[(1+R)(D+S)-(1+r_0)D-C_B]-(1-\theta_H)D < 0;$$

$$\theta_L[(1+R)(D+S)-(1+r_0)D-C_B]-(1-\theta_L)D > 0 \tag{4.8}$$

因此，只要 θ_L 足够大，θ_H 足够小，银行的收益条件就能够得到满足，即式（4.7）成立。该博弈中存在分离均衡：支持高风险企业的政府以 1 的概率发送财税政策支持信号，支持低风险企业的政府以 1 的概率发送财税政策不支持信号，银行都会提供贷款。

潜在的分离均衡［(S, NS)，(NL, NL)］，若该分离均衡存在，信号发送者必须满足：

$$U_1(S,NL,q^1) \geqslant U_1(NS,NL,q^1); U_1(NS,NL,q^2) \geqslant U_1(S,NL,q^2) \tag{4.9}$$

即必须满足：

$$-S \geqslant 0$$

$$-S \geqslant 0$$

显然 $-S \geqslant 0$ 不成立，因此该分离均衡不存在。

其次，混合均衡分析。根据政府和银行博弈的类型、信号、行动进行排列组合，共有 4 中潜在的混同均衡，分别为：［(S, S)，(L, L)］、［(NS, NS)，(L, L)］、［(S, S)，(NL, NL)］、［(NS, NS)，(NL, NL)］。

第一，潜在的混同均衡 [（S，S），（L，L）]，若该混同均衡存在，信号发送者必须满足：

$$U_1(S,L,q^1) \geq U_1(NS,L,q^1); U_1(S,L,q^2) \geq U_1(NS,L,q^2) \quad (4.10)$$

即必须满足：

$$\theta_H I_H(D+S) - S \geq \theta_H I_H(D); \theta_L I_L(D+S) - S \geq \theta_L I_L(D) \quad (4.11)$$

因为 $0 < I_L'(x) < 1$，所以式（4.11）中 $\theta_L I_L(D+S) - S \geq \theta_L I_L(D)$ 不成立，因此该混同均衡不存在。

第二，潜在的混同均衡 [（NS，NS），（L，L）]，若该混同均衡存在，信号发送者必须满足：

$$U_1(NS,L,q^1) \geq U_1(S,L,q^1); U_1(NS,L,q^2) \geq U_1(S,L,q^2) \quad (4.12)$$

即必须满足：

$$\theta_H I_H(D) \geq \theta_H I_H(D+S) - S; \theta_L I_L(D) \geq \theta_L I_L(D+S) - S \quad (4.13)$$

因为 $I_H'(x) > 1$，所以 $\theta_H I_H(D) \geq \theta_H I_H(D+S) - S$ 不成立，因此该混同均衡不存在。

第三，潜在的混同均衡 [（S，S），（NL，NL）]，若该混同均衡存在，信号发送者必须满足：

$$U_1(S,NL,q^1) \geq U_1(NS,NL,q^1); U_1(S,NL,q^2) \geq U_1(NS,NL,q^2)$$

$$(4.14)$$

即必须满足：

$$-S \geq 0$$
$$-S \geq 0$$

显然 $-S \geq 0$ 不成立，因此该混同均衡不存在。

第四，潜在的混同均衡 [（NS，NS），（NL，NL）]，若该混同均衡存在，信号发送者必须满足：

$$U_1(NS,NL,q^1) \geqslant U_1(S,NL,q^1); U_1(NS,NL,q^2) \geqslant U_1(S,NL,q^2)$$

$$(4.15)$$

即必须满足：

$$0 \geqslant -S$$
$$0 \geqslant -S$$

显然 $0 \geqslant -S$ 成立，即该潜在的混同均衡能够满足信号发送者的效应条件。

信号接收者必须满足：

$$E[U_2(NL)] \geqslant E[U_2(L)]$$

$$\tilde{p}(q^1|NS) \times \{\theta_H[(1+R)(D)-(1+r_0)D-C_B]-$$

$$(1-\theta_H)D\} + \tilde{p}(q^2|NS) \times \{\theta_L[(1+R)(D)-(1+r_0)D-$$

$$C_B]-(1-\theta_L)D\} \leqslant \tilde{p}(q^1|NS) \times 0 + \tilde{p}(q^2|NS) \times 0 \quad (4.16)$$

等同于：

$$p(q^1) \times \{\theta_H[(1+R)(D)-(1+r_0)D-C_B]-(1-\theta_H)D\} +$$

$$p(q^2) \times \{\theta_L[(1+R)(D)-(1+r_0)D-C_B]-(1-\theta_L)D\} \leqslant 0 \quad (4.17)$$

由假设条件可知：

$$\theta_H[(1+R)(D)-(1+r_0)D-C_B]-(1-\theta_H)D < 0;$$

$$\theta_L[(1+R)(D)-(1+r_0)D-C_B]-(1-\theta_L)D > 0 \quad (4.18)$$

只要 $p(q^2)$ 或 $\theta_L[(1+R)(D+S)-(1+r_0)D-C_B]-(1-\theta_L)D$ 足够小，式（4.17）成立，即信号接收者期望收益最大化能够满足。因此，该博弈中存在混同均衡：不论高风险企业或低风险企业，只要政府发出财税政策不支持的信号，银行就不会提供贷款。

由此可见，政府通过财税政策支持措施，用于区分和传递企业不同风险类型的信号，进而影响银行对企业贷款决策。根据上述信号传递博弈分析可知，在分离均衡条件下，只要低风险企业创新成功的概率足够大或高风险企业创新成功的概率足够小，就能达到分离均衡，即政府财税政策支持高风险企业以 1 的概率向银行发送信号，而政府对低风险企业也以 1 的概率发送财税政策不支持的信号，银行会对这两个类型的企业都提供贷款。在混同均衡条件下，只要银行对低风险企业期望收益足够小，或者对低风险类型的先验概率足够小，就能达到混同均衡，即政府向银行发送财税政策不支持的信号，银行对任何类型的企业都不会提供贷款。由此可见，只要政府对高风险企业实施财税政策支持，银行接收到这个信息后就会提供贷款，如果政府没有给高风险企业财税政策支持，银行不会给这类企业提供贷款。因此，对于获得财税政策支持的企业，一方面表明政府认可企业具有的创新能力和发展潜力；另一方面表明企业从事的是政府鼓励的行业或方向，从而能够有利于企业获得外部融资。

（二）财政政策与税收政策对企业外部融资的影响差异分析

财政政策和税收政策在资金支持方式、惠及对象和审批过程方面存在差异，因此对企业外部融资影响效果也不同。财政政策一般通过项目资助、创新补贴、贷款贴息等直接给企业资金支持，而税收政策表现为企业纳税额的减少，纳税额减少数不像财政政策的项目资助或补贴这么直观（梁彤缨，2012）。税收政策惠及的对象是一个行业或一类型业务，如高新技术企业税收政策、研发费用加计扣除政策等，企业获得税收政策支持只能说明企业所处行业或从事的业务位于国家支持的领域，无法区分同行业中企业的特质。而财政政策在选择支持对象时，是针对单个企业中的项目或企业具体业务给予资金资助或补贴，且要对申报的项目进行前期调研，组织专家团队进行审核和认定，筛选出创新能力强的企业或项目给予财政政策支持。由此可见，财政政策相较于税收政策对企业审核过程和支持对象更加精准，对企业质量差异的区分性更强。在当前信用体系不健全情境下，外部资金供给者需要借助一些中介辨析企业质量高低，无疑政府政策是一个简单且易于获得信息，且财政政策比税收政策具有更强的认证作用。综上所述，本章提出如下研究假设。

假设 4 - 1：财税政策具有信号效应，有利于企业获得外部融资，且财政政策比税收政策对企业外部融资影响效果更大。

二、企业产权性质对财税政策影响外部融资的调节效应分析

非均衡信贷配给理论认为政府干预使得信贷供需不均衡，导致有些企业即使愿意承担高利率也无法获得贷款，而均衡信贷配给理论则从信息不对称角度对信贷约束问题进行了解释。国有企业与非国有企业在政府干预和信息不对称方面存在较大差异，因此产权性质会影响企业外部融资的获得性。在融资问题方面，国有企业普遍存在预算软约束问题，而非国有企业则存在信贷配给约束和信贷歧视等问题（高艳慧和万迪昉，2012）。在融资方式方面，国有企业更容易获得银行贷款，而非国有企业主要通过非正规的渠道获得债务融资（Allen，2005）。宋（Song，2011）指出国有企业的投资资金中30%源于银行贷款，而非国有企业贷款比例低于10%。在股权融资方面，国有企业更占优势，因为谁上市、发行价格、发行量以及发行时间均属于政府的监管范围。因此，国有企业受政府偏爱，在获得外部融资上占有较大优势，而非国有企业的外部融资约束更为严重（祝继高和陆正飞，2012）。

产权性质也会影响企业获得财税政策支持的多寡。政府财税政策支持具有较强的地域性，如政府采购合同、税收征收以及银行贷款等多由地方政府执行，地方政府肩负着政策性的目标，如发展经济、增加就业和维护社会稳定等（潘红波和余明桂，2011），因而政府有动机为国有企业提供更多关照（李玲和陶厚永，2013）。从上述分析可见，国有企业外部融资的需求程度低于非国有企业，而国有企业获得财税政策支持多于非国有企业。非国有企业获得财税政策支持更多依赖于企业自身质量，因此，财税政策对非国有企业的支持更具有认证作用，从而提高外部融资能力。据上述分析，本章提出如下假设。

假设 4 -2：产权性质对财税政策影响外部融资具有调节效应；相对于国有企业，财政政策和税收政策对非国有企业的外部融资影响更大。

三、企业生命周期对财税政策影响外部融资的调节效应分析

根据科技型中小企业的成立时间、技术创新开发程度，以及产品市场占有率等将科技型中小企业的生命周期大致分为种子期、初创期、成长期、成熟期和衰退期（陈玉荣，2010）。金融周期理论认为在企业发展的不同阶段企业对资金需求和可获得的融资渠道是动态变化的。种子期企业处于原理检验阶段，资金使用时间长，成功率低，不需要大量的资金投入，因此，以自有资金和政府资金为主。初创期企业初步进入市场，规模较小、销售额低，虽然企业有大量的资金需求，但是缺乏抵押物和信用记录，也较难获得外部融资，因此该阶段以自有资金、天使投资和政府资金为主。成长期企业的产品已获得市场认可，发展潜力与企业规模正在逐渐增大，资金需求量较前两个阶段有更加明显的提高。由于该阶段已经有了交易记录以及可用的抵押品，其融资渠道也在增多，融资方式趋于多样化，不仅可以获得外部债务融资，也可以通过风险投资和私募资金获得股权融资。成熟期企业的技术和产品日渐成熟，有了一定的市场占有率和影响力，但是若要保持现有地位或进一步提升市场竞争力，需要新技术和新产品的开发，因此，成熟期企业又进入一个新的创新发展阶段，资金需求量达到最大（王娜，2012）。成熟期企业融资渠道多，融资方式多样化。陈佳贵（1995）认为衰退期企业由于经营日渐衰退，现金流下降，资产负债率增多，企业走向死亡的边缘，需要"重生"或者"蜕变"，资金需求量下降，融资渠道减少，可能被并购或重组。由此可见，科技型中小企业各阶段的特点不同，可选择的最佳融资策略也不一样。借鉴已有研究，结合上述生命周期各阶段特点，将科技型中小企业生命周期与对应的融资方式绘制成图4.2。

科技型中小企业融资问题是生命周期各阶段面临的共同难题，但由于各阶段企业的生产经营状况以及资金需求不同，导致财税政策对不同阶段企业的影响存在差异。梅森和哈里森（Mason and Harrison，2003）专门针对种子期、初创期、成长初期企业的外部融资供应缺口进行研究，发现从事高度创

新、新科技业务的初创企业融资尤其困难。中小企业上市资源调研小组通过对 1999～2003 年创新基金曾资助过的 2 018 个项目进行统计发现，这些受资助的项目获得金融机构贷款比例平均为 27.69%，最低年份（1999 年）仅为 11.45%，企业自筹资金严重依赖于自有资金。科技型中小企业早期阶段新产品初入市场还没有形成稳定市场需求，因此经营业绩一般不高，大多处于亏损状态，税收政策（特别是所得税优惠政策）对生命周期早期阶段的企业影响小，财政政策则成为早期阶段科技型中小企业获得政府资金的主要渠道，也是企业向外部资金供给者传递有利信号的重要依据。

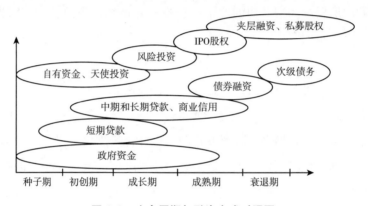

图 4.2 生命周期与融资方式对照图

资料来源：作者根据已有文献资料汇总编制。

成长期或成熟期的科技型中小企业有自己的主导产品，形成了稳定的产品市场需求，产品销售收入逐渐增大，因此，税收政策支持对生命周期后阶段的科技型中小企业影响较大。另外，成长期和成熟期企业资金需求量更大，若获得了财政政策支持，也有强烈的动机向外部资金供给者传递有利信号，由此可见，成长期和成熟期的科技型中小企业获得财政政策与税收政策支持均会对外部融资产生影响。综上所述，本章提出如下假设。

假设 4－3：生命周期对财税政策影响外部融资具有调节效应。生命周期早期阶段即种子期和初创期企业获得财政政策支持对外部融资具有促进作用，税收政策影响较小；而成长期和成熟期的科技型中小企业获得财政政策与税收政策支持均会对外部融资有影响。

第二节 财税政策对科技型中小企业外部融资影响的实证分析

一、问卷设计与有效样本分析

（一）问卷设计

1. 问卷设计流程。非上市的科技型中小企业数据无法从公开信息中获取，因而采用问卷调查的方式进行数据收集。卡里尔（Churchill, 1979）认为问卷的开发流程应遵循如下步骤：首先，根据研究需求，通过文献回顾、与企业界沟通交流形成调查题项；其次，与学术界专家进行讨论；最后，预测试对题项进行优化，定稿问卷。为了保证财税政策、外部融资、创新绩效等关键变量的稳定性和准确性，参照卡里尔（1979）的问卷开发流程，本章的调查问卷设计过程如下。

调查问卷主要经过以下阶段：（1）通过国内外文献回顾，选取初始测量指标。在对财税政策、外部融资和创新绩效等文献梳理的基础上，吸收与本书研究相关的内容，设计相应题项，形成问卷初稿。（2）通过学术团队讨论，对问卷初稿进行修订。在本阶段中，笔者与所在学术团队（包括教授、副教授以及5位博士研究生、10位硕士研究生）的众多学者进行沟通交流。对问卷初稿中题项的设置、措辞、归类以及问卷格式等内容进行讨论，总结归纳讨论后意见对部分题项进行调整与修改，形成第二稿问卷。（3）与政策执行机构、企业界专家交流进一步修改问卷题项。通过与天津市科委、科技型中小企业高层管理人员进行深入交流，就量表中各题项设置是否适宜，以及题项之间的逻辑关系是否与企业实际情况相符等问题进行咨询和沟通。依据咨询情况和反馈建议对问卷再一次进行修正，形成第三稿问卷。（4）预调研。借助2014年11月6日在天津财经大学召开的"2014年天津市无形资产研究会学术年会"机会，学术团队向参会的政府机构人员、金融机构人员、企业界以及学术专家等发放了第三稿问卷，本次共发放 63 份，回收 43 份。根据问卷填写情况以及反馈意见，对问卷进行第三次修订，并形成了最终正式的调查问卷。

2. 问卷内容设计。根据本书中相关概念、理论分析与研究假设，围绕研究目的和研究内容，调查问卷包括以下内容。

（1）企业基本信息。企业家或企业负责人对科技型中小企业创新决策影响较大。一般认为企业家或企业负责人具有技术背景或拥有较多股权，比较注重企业创新，并相信创新会提升企业竞争力，给企业未来发展带来更大潜力；然后，企业员工数量反映企业规模，员工构成会影响企业创新能力，因此，问卷中企业基本信息设置了企业负责人情况以及企业员工等相关题项。

（2）财税政策。财税政策主要包括财政政策和税收政策两方面，财政政策主要由无偿资助、贷款贴息、资本金投入以及创新奖励等构成。对科技型中小企业进行扶持和激励的财政政策主要以政策文件中条款的形式出现，并非独立政策文本。若将相关政策一一列入问卷，不仅增加填表人的工作量，而且难以辨析。因此，为了减少填写调查问卷的烦琐工作，在问卷中只设计了"是否享受财政政策，共获得财政资金额"两项信息。根据第三章对税收政策梳理发现，与科技型中小企业有关的税收政策主要以所得税为主，其他税种较少。结合前期的访谈以及调研发现，企业并不是对所有政策都了解。因此，税收政策题项选择了对企业影响较大、覆盖面较广的"企业研发费用加计扣除税收优惠政策""高新技术企业所得税减免政策"两项政策为代表（刘闲月，2014）。

（3）企业创新情况。通过梳理创新绩效的测度指标以及衡量方法发现尚未形成一致的指标体系。本书第三章对创新以及创新绩效含义进行了阐述，认为企业创新过程可归结为创新投入、创新产出、创新转化、创新业绩四个阶段。借鉴已有文献研究，采用指标频次统计法分别选取衡量创新投入、创新产出、创新转化以及创新业绩四个方面的指标，并根据这些指标设计了问卷中相关题项。

（4）外部融资和企业其他情况。外部融资是基于融资来源进行的界定，该概念没有异议。但是学者们对外部融资额的统计存在较大差异，有些以资产负债表中项目金额为依据，如谈儒勇（2001）、王珍义（2011）等；有些以现金流量表中项目金额为依据，如孙永尧（2006）、程新生（2012）等。根据本章研究需要，以及科技型中小企业特点，在调查问卷中通过资产负债表相关数据获得外部融资额。另外考虑到企业其他财务情况也会影响企业创新行为，在调查问卷中还设计了盈利能力、资产状况、企业规模等相关题项。问卷内容详见附录。

（二）有效样本统计

1. 有效样本选择。问卷发放对象是以天津市科技型中小企业库为总体，在2015年天津市科技工作会议上获悉，截至2015年1月底，科技型中小企业总数已超过6万家。为了保障抽取的样本具有代表性，本次抽样样本依据行业和成长阶段采取分层抽样的方式，并在天津市科委的合作协助下，随机抽取2 000家企业。然后通过在线问卷调查系统发放，并要求各区县科技部门负责监督辖区内企业上网填写，提高了问卷填写的质量。问卷从2015年3月发放，到2015年6月回收，历经3个月，回收问卷1 187份，问卷回收率为59.35%。

根据第三章科技型中小企业特点，以及天津市科技型中小企业的认定标准，选出正常持续经营以及符合科技型中小企业标准的企业。为此，按照下列条件进行有效问卷筛选：（1）删去资产负债率大于100%的企业；（2）删去没有专职科技人员的企业；（3）删去没有任何科研经费投入的企业；（4）删去内部研发经费大于总资产的企业。最终获得有效样本807家，有效问卷回收率为40.4%。基于吴明隆（2010）在《问卷统计分析实务》一书中提到，在有限总体的情况下，抽样样本数 $n \geqslant \dfrac{N}{\left(\dfrac{\alpha}{k}\right)^2 \dfrac{N-1}{P(1-P)}+1}$，研究推论才具有可靠性，其中 N 为总体数，P 通常设为0.50，显著水平 α 设定为0.05，分位数 k 为 1.96。因此，根据天津市科技型中小企业总体 6 万家，计算可得 n 为 385。也就是说，只要有效样本数在 385 以上，研究推论就具有可靠性。本章中共筛选出 807 家有效样本，满足上述要求。

2. 有效样本描述性统计。为了了解有效样本所属行业、所有权性质、成立时间、生命周期的分布情况，下面对有效样本进行描述性统计。

首先，有效样本所属行业和控股情况分析。有效样本涵盖了第一产业、第二产业以及第三产业，然后，将第二产业又分为高新技术产业和传统产业，第三产业分为科技服务业和其他服务业①，因此，本次有效样本所属行业有农林牧渔业、高新技术产业、传统产业、科技服务业、其他服务业五类。有效样本所属行业分布如图 4.3 所示。

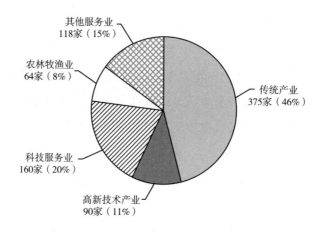

图 4.3　有效样本所属行业分布

根据图 4.3 可见，有效样本所属行业分布比例从大到小依次为：传统产业、科技服务业、其他服务业、高新技术产业、农林牧渔业。在组别平均数的差异比较方面，各组的样本数至少要在 20 个以上（吴明隆，2010），由图

---

①　高新技术产业是指《2013 高技术产业统计分类目录》中所规定的相关行业，包括抽样方案中的航空航天产业、装备制造业、电子信息产业、生物医药产业。传统产业是指第二产业中高技术产业外的其他产业，包括抽样方案中的石油化工产业、装备制造业、电子信息产业、生物医药产业、新能源新材料、轻纺工业及其他工业。科技服务业是指第三产业中的科学研究和技术服务业与信息传输、软件和信息技术服务业。其他服务业是指第三产业中科技服务业之外的其他产业。

4.3 可知，农林牧渔业样本数是最少的，也有 64 家，因此，符合最小量要求。按照企业控股情况，分为国有控股、集体控股、私人控股、港澳台和外商控股以及其他控股，控股企业占比分布如图 4.4 所示。有效样本以私人控股企业为主，占比为 78%，而国有占比约为 8%。按照控股情况，本章将企业产权性质分为两类：国有企业和非国有企业，国有企业占总样本比例约为 8%，非国有企业占 92%，因此，科技型中小企业以非国有企业为主。

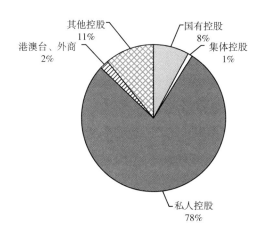

图 4.4　有效样本控股类型分布

其次，有效样本的生命周期和年龄分析。借鉴已有文献对科技型中小企业生命周期的研究，结合《天津市科技型中小企业认定管理办法（试行）》规定。先根据天津市已认定的科技型中小企业成立时间，预设企业生命周期阶段；然后，根据调查数据，按照企业销售收入、职工数、创新能力等对企业所处的生命周期阶段进行调整。由于被调查对象已有投入市场的产品，属于正常经营企业，因此，没有种子期和衰退期的样本。本章生命周期划分主要依据销售收入指标，销售收入在 500 万元以下的为初创期企业；销售收入在 500 万元以上且在 5 000 万元以下的为成长期企业；销售收入在 5 000 万元以上的为成熟期企业。在此基础上，根据企业创新能力对部分企业的生命周期阶段进行了调整。有效样本的生命周期分布如图 4.5 所示。样本企业年龄通过 2014 减去成立年份加 1 计算获得，并据此划分为 6 组样本，分别为：

年龄小于5年、5≤n<10年、10≤n<15年、15≤n<20年、20≤n<30年、以及30年以上，有效样本年龄分布如图4.6所示。

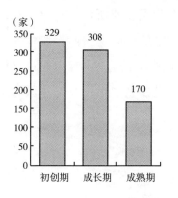

图4.5　样本生命周期分布

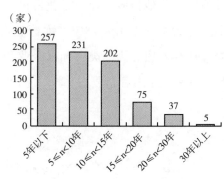

图4.6　样本年龄分布

从图4.5可见，筛选出来的807家有效样本中，初创期和成长期样本数分别为329家和308家，占比分别为40.8%和38.2%，合计为79.0%。成熟期科技型中小企业占比为21.0%，比例相对较小。从图4.6可见，有效样本多数比较年轻，在807家样本企业中，企业年龄在5年以下的有257家，占有效样本的31.85%；企业年龄在5≤n<10年之间的有231家，占比为28.62%，企业年龄在10≤n<20年之间的有202家，占比为25.03%，而企业年龄在20≤n<30年间的有37家，占有效样本的4.58%；30年以上的企业只有5家，占有效样本的0.62%。由此可见，科技型中小企业多数处于快速成长阶段，且较为年轻。

最后，有效样本规模分析。以资产总额和期末员工总人数作为衡量企业规模的指标，分别划分了5个区间进行统计，各个规模区间上的样本数和占比如表4.1所示。

表4.1　　　　　　　　　　有效样本规模统计

资产总额	样本数（家）	比例（%）	员工总人数	样本数（家）	比例（%）
100万元以下	96	11.89	10人以下	107	13.26
100~1 000万元	260	32.22	10~50人	484	59.98

资产总额	样本数（家）	比例（%）	员工总人数	样本数（家）	比例（%）
1 000 ~ 5 000 万元	253	31.35	50 ~ 100 人	124	15.36
5 000 ~ 10 000 万元	175	21.69	100 ~ 500 人	79	9.79
10 000 万元以上	23	2.85	500 人以上	13	1.61
合计	807	100	合计	807	100

资料来源：调查问卷获得数据，笔者手工整理编制。

根据表 4.1 统计可知，在 807 家有效样本企业中，资产总额在 100 万元以下的有效样本企业有 96 家，员工总人数在 10 人以下的有 107 家。而且资产总额在 1 亿元以上的有效样本企业有 23 家，占有效样本的 2.85%，员工总人数在 500 人以上的有 13 家，占 1.61%。有效样本企业资产总额主要集中在 100 万元到 5 000 万元之间，占比为 63.57%，员工总人数在 10 ~ 50 人之间占比为 59.98%。由此可见，有效样本资产规模相对比较集中，规模不大，较大的企业相对较少。

二、科技型中小企业融资现状

根据有效样本的调查数据，通过资产负债率 = 负债总额/总资产、流动负债率 = 流动负债/总资产、长期负债率 = 长期负债/总资产、资产权益率 = 权益额/总资产四个指标，分析科技型中小企业融资现状。指标的计算结果如表 4.2 所示。

表 4.2　　　　　　　　科技型中小企业融资现状分析

指标	样本	N	均值	中位数	均值 T 检验	中位数 Z 检验
资产负债率	有效样本	807	0.3990	0.3592		
	国有样本	66	0.5338	0.6142	2.9936 *** (0.0014)	2.888 *** (0.0039)
	非国有样本	741	0.3912	0.3465		

指标	样本	N	均值	中位数	均值 T 检验	中位数 Z 检验
流动负债率	有效样本	807	0.3125	0.2509		
	国有样本	66	0.4610	0.4639	3.5737 ***	3.247 ***
	非国有样本	741	0.3038	0.2476	(0.0002)	(0.0012)
长期负债率	有效样本	807	0.0864	0		
	国有样本	66	0.0727	0	0.4798	0.880
	非国有样本	741	0.0872	0	(0.3157)	(0.3787)
资产权益率	有效样本	807	0.6010	0.6408		
	国有样本	66	0.4662	0.3858	2.9936 ***	2.888 ***
	非国有样本	741	0.6088	0.6535	(0.0014)	(0.0039)

注： *** 表示1%水平上显著，括号内数值为 P 值。

资料来源：调查问卷获得数据，笔者计算并手工整理编制。

（一）科技型中小企业融资结构和债务期限结构现状

通过分析资产负债率了解科技型中小企业融资结构现状，由表4.2可见，有效样本资产负债率均值为39.9%，而2013年我国2 833家上市公司的资产负债率均值为44.75%，2014年2 832家为46.51%[①]。从产权性质分组样本来看，国有产权性质的科技型中小企业资产负债率高于非国有产权性质的企业，且均值和中位数均在1%水平上显著。这说明科技型中小企业资产负债率不高，且国有企业在获得负债融资方面明显高于非国有企业。然后按照生命周期不同阶段的融资状况进行统计，显示初创期科技型中小企业的资产负债率为30.52%；成长期企业的资产负债率为42.83%；成熟期企业的资产负债率为52.81%，可见，成长阶段越往后，企业的负债融资越多，处于初创期的科技型中小企业融资最为困难。

将债务融资细分为长期债务融资和流动负债融资，分析企业融资期限状况。由表4.2可知，科技型中小企业的流动负债率均值为31.25%，而长期

---

① 2013 年和2014 年的年度财务比率指标数据来源于锐思数据库，然后笔者统计计算得到该比例。

负债率均值为 8.64%，因此，科技型中小企业负债融资中以流动负债为主，而长期负债较少。从产权性质分组样本来看，国有企业与非国有企业的流动负债率在 1% 水平上存在显著差异，这说明在获得流动负债方面国有企业明显比非国有企业具有优势。但是从长期负债率指标来看，国有企业与非国有企业差异不大，且均值和中位数的检验结果也不显著。由于科技型中小企业经营高风险，高科技产品更新换代快，面临的市场不确定性很大，金融机构往往不愿意给此类企业发放长期贷款。因此，科技型中小企业以短期流动负债融资为主，长期负债融资偏少。

（二）科技型中小企业权益融资现状

通过分析权益资产率了解科技型中小企业权益融资特点。由表 4.2 可知，非国有企业样本中资产权益率为 60.88%，而在国有企业样本中该指标为 46.62%，且两组分样本的均值和中位数的检验结果均在 1% 水平上显著，国有企业资产权益率明显低于非国有企业，这表明相对于国有企业，非国有企业更加依赖于权益融资。生命周期分组样本中初创期科技型中小企业的资产权益率最高为 69.48%；成长期企业的资产权益率为 57.17%；成熟期企业的资产权益率为 52.81%，因此初创期企业有较高比例的权益融资。

权益融资可分为自有资金和外部权益资金，为了进一步分析权益资金中有多少是自有资金，根据调查获得的"负责人持股情况"，对权益结构进行分析。由于调查对象规模较小，大多数私营企业负责人就是企业业主，因此，根据负责人的持股比例可以推断企业权益资金中自有资金占比情况。问卷调查设计了 5 个层次，分别是：负责人 100% 持股；负责人持股比例大于 50%；负责人持股比例小于 50%，但为第一大股东；负责人持股比例小于 50%，且不是第一大股东；不持有股份。根据调查结果统计负责人持股情况如图 4.7 所示。

由图 4.7 可见，负责人 100% 持股和持股大于 50% 的企业超过了 56.63%，其中只有 4 家国有企业，其他均为非国有企业，这表明非国有产权性质的科技型中小企业负责人大多数都是企业业主。而国有企业的负责人是第一大股东占比较小，多数不持有企业股份。进一步统计发现初创期科技型中小企业负责人是第一大股东的比例为 76.36%，而成熟期企业负责人是第一大股东的比例为 55.29%。从本次调查中企业本年度获得"天使资金"以及其他股权融资情况来看，统计结果显示获得"天使资金"项目的企业只有 18 家，获得其他股权融资的企业有 9 家。由此可见，虽然科技型中小企业融资结构中权益融资占比较大，但以自有资金为主要融资来源，特别是在非国有产权性质的科技型中小企业，以及初创期科技型中小企业中这种现象更加突出。这也说明科技型中小企业外部融资较为困难，只能依赖内部资金求得生存和发展，这种融资状况一定会阻碍企业快速发展的步伐，因此，如何拓展科技型中小企业融资渠道、丰富融资品种是促进科技型中小企业发展的关键。

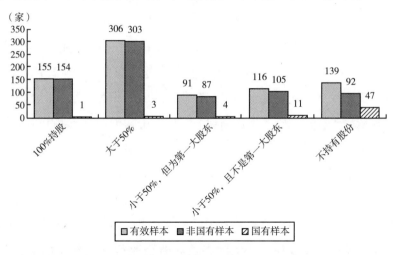

图 4.7　负责人持股比例

资料来源：根据调查数据，笔者自行统计计算后绘制。

三、变量定义与模型设定

（一）变量定义

1. 外部融资变量测度。通过文献梳理选取外部融资变量，并确定外部融资测度方法。

首先，外部融资变量的选取。外部融资包括外部债务融资和外部权益融资，可以采用资产负债表或现金流量表相关项目进行测度。本章选择资产负债表法测度外部融资，但是资产负债表法对外部融资额的计算也存在较大差异，有些是以期末金额为计算标准，谈儒勇（2001）认为企业外部融资包括债务融资和权益融资，其中，债务融资是通过短、长期借款和发行企业债等方式获取，权益融资是通过新股发行、配股和增发新股等方式筹集；王珍义（2011）以外部债务融资替代外部融资，根据企业向各种金融机构的借款和向公众发行公司债的合计数计算。有些是以期末与期初的差额为计算标准，孙永尧（2006）根据普通股权益和优先股权益变化之和，加上长期债务变化、应付票据变化和可转化债券变化计算获得外部融资额；周方召（2014）采用年末短期借款、长期借款、应付债券之和减去年初这三项之和计算当年外部融资额。

由于我国股票市场的融资对非上市科技型中小企业创新发挥的作用极其有限，科技型中小企业外部融资以债务融资为主。因此，本章选取外部债务融资为外部融资的替代变量。

其次，外部融资变量测度。借鉴已有文献，外部融资采用两种表达方式：一是采用本期总额。科技型中小企业规模较小、销售额低，虽然企业有大量的资金需求，但是由于缺乏抵押物和信用记录，也较难获得长期债务融资（Berger and Udell，1998），因此，本章以流动负债融资总额为外部融资替代变量，采用本期的负债总额减去长期负债总额后取对数衡量。二是采用本期增加额。为了准确获得本期外部债务增加额，不采用期末减期初的方式计算，由于期末减期初计算的差额中有本期业务往来而产生自然负债，不能代表企业融资能力。本章通过调查问卷获得本期债务融资增加额，等于周转资金贷款额、打包贷款额、专利权质押贷款额之和。

2. 财税政策变量的测度。

首先，财税政策变量的选取。财税政策变量的选取主要有两种：一种是选择单一指标替代财税政策；另一种是将财税政策分为财政政策和税收政策两个指标进行衡量。

财政政策和税收政策选取单一指标衡量。一般认为企业获得的各种专项补贴、奖励、税收减免和优惠，都反映了政府对企业的支持力度，是政府出于扶持和鼓励经营的目的直接给予企业无偿性资金支持。采用单一指标衡量的文献，研究内容侧重政府行为对企业行为的影响，而不考察政府不同扶持方式对企业行为的差异影响。例如，赵中华和鞠晓峰（2013）研究技术溢出与政府补助对企业创新活动的影响，采用政府补贴项目金额与税收返还金额之和占当年主营业务收入的比例衡量政府补助水平。周亚虹（2015）的研究显示，在政府扶持与新型产业发展中，将财政政策和税收政策统称为政府扶持性政策，将上市公司收到的政府补助和税收返还之和与营业收入的比值，作为财税政策指标。

财政政策与税收政策是两种不同类型的政府支持方式，其对企业的作用效果存在差异。税收政策在市场干预、管理成本、灵活程度等方面优于财政政策（Guellec，1990）。与财政政策对企业激励作用相比，税收政策主要是通过鼓励要素投入推动企业产出。另外，相对于财政政策的直接作用，税收政策作用是间接的（张同斌和高铁梅，2012）。因此，将财税政策分为财政政策和税收政策两个指标更具有合理性，且能够对政府不同扶持方式的影响效果分析得更加细致，该种方法被较多研究文献广泛采用。

财政政策变量的选择。财政政策的政策文本较多，且政策支持方式也不同，由于较难区分企业获得是哪种财政政策支持，因此多采用政府补贴或政府资助等表示财政政策变量，但财政政策的表示方式有较大差异。有的将政府资助强度分类表达，盖莱克（Guellec，1999）按照资助强度不同将其分成四组，小于4%为低强度，4%～11%为中低强度，11%～19%为中高强度，大于19%为高强度，研究发现位于中等资助强度的激励效果比较好。朱平芳（2003）将样本分成高资助、中高资助、中低资助和低资助四组，研究政府资助强度对企业创新激励作用。有的采用哑变量来表示，解维敏（2009）采用了政府资助的哑变量来表示，当公司受到政府资助时设为1，否则取值为0。有的采用财税政策支持额来表示，李玲和陶厚永（2013）通过上市企业年报中"科技成果转化项目补助资金""科技奖励""专利申请项目奖励""技术创新项目"等子科目进行加总获得。有的采用政府资助的前后次序来表示，张兴龙（2013）将按照标准分类归结的事前一次性补助、补贴率补助强度、事后奖励补助、其他非研发补助四类作为财政政策衡量指标。财政政策变量的几种表达方式汇总如表 4.3 所示。

表 4.3　　　　　　　　　　财政政策变量的表达方式

变量	变量表达方式	文献
财政政策	政府补助项目合计数/销售收入，或者政府补助取对数	Sun（2000）；Zhu et al.（2006）；李玲、陶厚永（2013）；Czarnitzki（2007）；汪秋明、韩庆潇、杨晨（2014）
	获得政府资助为 1，否则取值为 0	Czarnitzki and Hussinger（2004）；Charles and Pierre（2009）；解维敏、唐清泉、陆姗姗（2009）
	按照政府拨款资助率划分为高资助、中高资助、中低资助和低资助四个变量指标	Guellec et al.（1999）；朱平芳等（2003）
	按不同的政府资助方式设置变量指标，如定额补助和比率补助、事前补助和事后补助等	张兴龙、沈坤荣、李萌（2013）；巫强、刘蓓（2014）

资料来源：作者根据文献资料整理编制。

税收政策变量的选取。税收政策对企业优惠表现为成本或费用的减少，且有较多的税种和税收优惠方式，因此，在评价税收政策效果时，选择合适的税收政策变量尤为重要。瓦达（Warda，1996）设计出 B 指数作为 R&D 税收政策实施强度的测度工具，得到国际上普遍采用。2002 年的经济合作与发展组织（OECD）研发税收优惠政策的趋势报告采用了 B 指数；戴晨和刘怡（2008）采用 B 指数分析税收政策对企业研发投入的影响。我国现有的税收政策既有针对行业的税率优惠，又有针对企业各环节的投融资优惠，在以微观企业为研究对象时，B 指数不易计算。在第三章税收政策措施梳理中可知，与科技型中小企业有关的税收政策主要以所得税优惠为主。已有文献主要分析所得税优惠措施的激励作用（戴晨和刘怡，2008），而少部分文献在研究所得税优惠效果的同时，比较分析了增值税等流转税（张济建和章祥，2010；李杰，2013）。

税收政策变量的衡量主要有三种方式：一是以问卷调查获得数据的研究

文献中多采用税收减免额取对数（李丽青，2007；张继良和李琳琳，2014）；二是以上市公司或高新技术区等为研究对象的多采用税率差异指标（马伟红，2011；肖鹏和黎一璇，2011；赵月红和许敏，2013）；三是其他替代方式，如方重和梅玉华（2011）在综合分析经济合作与发展组织（OECD）规定的初始损益法、最终损益法和等价支出法三种税收政策测算方法的基础上，根据生产成本理论和投资需求理论构建税收支出对企业研发影响的模型。

根据上述财税政策变量选择分析可知，财政政策与税收政策在支持方式、支持对象以及作用效果方面存在较大差异，因此本章将财税政策分为财政政策和税收政策两个变量。

其次，财税政策变量测度。在财税政策文本梳理的基础上，结合与政府相关部门、银行和科技型中小企业的座谈、访谈的情况，分别选取了覆盖面广、影响力强的政策文件进行问卷调查。在实证分析部分根据调查结果，采用两种方式对财税政策变量进行测度：一是采用哑变量，哑变量重点测度政府采取财税政策行为对企业行为的影响，如果企业获得税收政策或财政政策支持，该变量为1，否则为0；二是采用连续数值，连续数值重点测度政府财税政策强度对企业创新行为的影响程度，根据企业获得税收减免额或得到的财政资助额进行测定。

3. 控制变量。在借鉴已有文献研究的基础上，考虑科技型中小企业特点，在实证分析财税政策对科技型中小企业外部融资影响时，需要剔除企业规模、企业成立年龄、行业以及负责人特征等因素的影响，为此，本章对以下变量进行控制。

（1）企业规模。信贷不均衡现象普遍存在，中小企业在获得外部融资以及贷款成本方面与大企业相比面临较大障碍，银行有针对中小企业的信贷配给问题（Berger and Udell，1992）。中小企业，尤其小企业融资难这一现象不仅在发展中国家存在，在发达国家仍然存在。伯格（2001）根据阿根廷的数据进行的研究表明规模大、境外机构所有的银行不易向信息不透明的小企业发放贷款。我国学者研究表明规模歧视导致中小企业融资难。张琦（2008）在湖南中小企业问卷调查的基础上，经实证分析表明我国中小企业面临严重的信贷约束。余明桂和潘红波（2010）研究表明，企业规模越大，越易于获得银行贷款。由此可见，规模是影响企业获得外部融资的重要因素，相比小企业，大企业在获得信贷融资等方面更具有优势。

（2）企业年龄。一般来说，企业成立时间越长，可以追踪的信用记录就越多，长期的银企业务往来增加了银企间的互信程度，提高企业的信贷可得性。较年轻的企业由于其信用历史较短，银行很难预测这些年轻企业未来的偿还情况，因此，年轻企业很容易受到较多的信贷约束（Devereux，1990）。再就是，企业成立时间越长，经营经验越多，企业越有可能获得更高的经营绩效，企业外部融资越有利。卡布拉尔和马塔（Cabral and Mata，2003）研究表明相对于成熟企业，年轻企业面临的融资约束更为严重。

（3）负责人特征。企业家或负责人在企业融资过程中起着重要的作用，一方面负责人的关系网络有利于获得外部融资。已有研究表明信息不对称较为严重的科技型中小企业，很难从金融市场融资，高度依赖银行的关系型融资（Berger，2001）。温州民营企业的发展在很大程度上得益于关系型融资（史晋川，2003），关系型融资不仅体现在金融结构领域，更多地体现在非金融结构领域，如民间组织的借贷、风险投资等。另一方面负责人的个人财富对外部融资有影响。艾弗里（1998）发现年轻的、资产较少的小企业通常倾向于采用企业家个人财富作为信贷融资的抵押和担保；罗正英（2004）提出企业家财富、个人信誉、能力、创意及其潜在收益等方面的软信息是解决信息不对称问题的关键，应作为对外部投资者或金融机构决定是否对中小企业提供融资起决定作用的考察内容；叶康涛（2010）发现我国银行在制定贷款决策时会考虑到借款人的声誉。因此，本章将负责人出生地作为关系的替代变量，一般来说本地人具有更多的关系网络；以负责人持股代表企业家的个人财富。

（4）行业因素。不同行业的资金需求不同，郭鹏飞（2003）研究分析了行业因素对上市公司结构的影响，发现不同行业上市公司的资本结构具有显著差异，约9.5%的公司间资本结构差异可由公司所处行业门类不同来解释。相对于技术创新低的行业，技术创新高的行业一般风险较高，资产负债率较低（严鸿雁，2013）。本章的被解释变量、解释变量以及控制变量的表达方式如表4.4所示。

表 4.4 变量定义

变量	变量名称	变量符号	变量定义
被解释变量：外部融资	外部债务融资总额	debt	企业流动负债总额取对数
	本期外部债务融资增加额	Δdebt	（周转资金贷款额＋打包贷款额＋专利权质押贷款额）取对数
解释变量：财税政策	税收政策	dtax	享受了税收政策为1；否则为0
		tax	税收减免合计数取对数
	财政政策	dgov	享受了财政政策为1；否则为0
		gov	财政授予额取对数
控制变量	企业规模	lnSize	期末资产对数
	企业年龄	age	采用2014减去成立年份加1计算
	负责人关系	born	出生地是天津为1；其他为0
	负责人财富	mcg	持股比例
	行业	ind	如果企业处于该行业则为1；否则为0

（二）模型设定

为检验本章提出的假设 4 - 1、假设 4 - 2、假设 4 - 3，根据上述变量定义和分析，借鉴已有的文献研究，构建如下多元线性回归模型，其中，模型（4.19）和模型（4.20）用来作主回归分析，财政政策和税收政策变量均采用哑变量表示，来检验财税政策对企业外部融资影响；模型（4.21）和模型（4.22）用来作稳健性检验的回归分析，财政政策和税收政策变量均以获得政策支持资金额表示，来检验财税政策对外部融资影响。模型设定如下。

$$\Delta debt_i = \beta_0 + \beta_1 dgov_i + \beta_2 dtax_i + \beta_3 lnsize_i + \beta_4 age_i + \beta_5 born_i + \beta_6 mcg + ind + \varepsilon_i \tag{4.19}$$

$$debt_i = \beta_0 + \beta_1 dgov_i + \beta_2 dtax_i + \beta_3 lnsize_i + \beta_4 age_i + \beta_5 born_i + \beta_6 mcg + ind + \varepsilon_i \tag{4.20}$$

$$\Delta debt_i = \beta_0 + \beta_1 gov_i + \beta_2 tax_i + \beta_3 lnsize_i + \beta_4 age_i + \beta_5 born_i + \beta_6 mcg + ind + \varepsilon_i \tag{4.21}$$

$$debt_i = \beta_0 + \beta_1 gov_i + \beta_2 tax_i + \beta_3 lnsize_i + \beta_4 age_i + \beta_5 born_i$$
$$+ \beta_6 mcg + ind + \varepsilon_i \qquad (4.22)$$

四、描述性统计与相关性分析

（一）描述性统计与分析

1. 外部融资变量描述性统计。根据调查问卷数据，对外部融资变量的信度和效度进行检验，虽然 KMO 值为 0.667，有点低，但是巴特利特（Bartlett）球形检验达到了 0.05 显著水平，且克朗巴哈系数（Cronbachs Alpha）值为 0.980，大于 0.800，因此，具有较高的可信度，即内部一致性较高，意味着可以采用该变量测量外部融资。表 4.5 分别列示了有效样本、产权性质分样本、生命周期分样本的外部融资变量描述性统计。

表 4.5　　　　　　　　　　外部融资变量的描述性统计

样本	变量	N	均值	标准差	最小	最大
有效样本	Δdebt	807	1.1405	2.7246	0	18.4207
	debt	807	6.6515	3.9943	0	18.8881
国有样本	Δdebt	66	0.9785	2.5648	0	9.2104
	debt	66	9.4751	3.4542	0	14.8713
非国有样本	Δdebt	741	1.1501	2.735	0	18.4207
	debt	741	6.4847	3.9634	0	18.8881
初创期	Δdebt	329	0.4233	1.527	0	9.2104
	debt	329	4.2587	3.4417	0	12.9701
成长期	Δdebt	308	1.4554	2.9363	0	9.7981
	debt	308	7.3929	3.2185	0	14.8713
成熟期	Δdebt	170	1.958	3.6553	0	18.4207
	debt	170	9.939	3.3563	0	18.8881

由表 4.5 可见，本期外部债务融资增加额和外部债务融资总额的标准差，不论是在有效样本中，还是在产权性质分样本，以及生命周期分样本中

均较大，说明不同行业的科技型中小企业外部债务融资存在较大差异。从产权性质分样本来看，外部债务融资总额在国有企业中均值为 9.4751，而在非国有企业中为 6.4847，明显存在差异。但是非国有企业的本期外部债务融资增加额变量高于国有企业。从生命周期分样本来看，从初创期到成熟期，随着企业成熟度的增加，无论是外部债务融资总额，还是本期外部债务融资增加额，均具有明显的增加趋势。且从最大值来看，从初创期到成熟期，外部债务融资增加额和外部债务融资总额指标也在逐步增长，这表明随着企业成立时间越长、规模越大、市场影响力越大，企业的融资能力也会随之增加，这和金融周期理论是一致的。

2. 财税政策变量描述性统计。为了检验财税政策变量是否具有信度和效度，根据问卷调查数据，采用 SPSS12.0 进行信度和效度分析。Cronbachs Alpha 值为 0.702，表明指标具有较好的信度。KMO 值为 0.603，有点低，但是 Bartlett 球形检验是显著的，亨森（Hensen，2001）认为如果使用者的目的在于编制预测问卷，测验或测量某构念的先导性，KMO 系数在 0.50~0.60 已足够。因此，该调查数据符合效度要求，可以采用因子分析判断财税政策指标设计的结构效度是否合理。采用最大方差法正交旋转，根据因子特征值大于 1 以及累积方差贡献率形成了两个主因子，两个主因子的累积方差贡献率为 80.083%，且从指标系数可以看出两个主因子分别是财政政策和税收政策，因此说明财税政策指标具有结构效度。

表 4.6 是分组样本获得财政政策和税收政策支持的比例情况统计，目的是了解企业产权性质、所处生命周期以及行业的差异是否导致在财政政策和税收政策支持获得上也存在不同。

表 4.6　　　　　　　　获得财税政策支持的样本比例统计

样本类别	样本	N	均值			
			dgov	dtax	tax	gov
	有效样本	807	0.1846	0.1635	0.7630	0.9808
产权性质	国有企业	66	0.3778	0.3111	1.8361	2.2610
	非国有企业	741	0.1732	0.1549	0.6996	0.9051

样本类别	样本	N	均值			
			dgov	dtax	tax	gov
生命周期	初创期	329	0.1277	0.1094	0.3156	0.5941
	成长期	308	0.2175	0.1818	0.9054	1.1582
	成熟期	170	0.2353	0.2353	1.3709	1.4076

从有效样本获得财税政策支持情况来看，获得财政政策支持的比例为18.46%，获得税收政策支持的比例为16.35%，获得财政政策支持比例高于税收政策比例，但是在807家科技型中小企业中获得财政政策和税收政策支持的比例都不高。虽然研发加计扣除政策适宜对象是所有类型的企业，但是调查结果显示，获得该政策的企业并不多。

从产权性质来看，国有企业获得财政政策支持比例为37.78%，非国有企业获得比例为17.32%；国有企业获得税收政策支持比例为31.11%，非国有企业获得比例为15.49%。然后，从获得财税政策支持资金额来看，国有企业获得的财政政策和税收政策支持资金总额均高于非国有企业。因此，不管是财政政策还是税收政策，也不论是支持比例还是支持总额，国有企业获得财税政策支持明显高于非国有企业。这与李玲和陶厚永（2013）的研究是一致的，从政治庇护论分析可知，政府有动机为国有企业提供更多的额外关照，如政府政策性采购、各种优惠政策及盈利机会等，因此财税政策对国有企业具有"偏爱"的倾向。

从生命周期各阶段来看，初创期企业获得财政政策支持比例为12.77%、成长期企业获得财政政策支持比例为21.75%，而成熟期企业获得财政政策支持比例为23.53%。从税收政策来看，初创期企业获得税收政策支持比例为10.94%、成长期企业获得税收政策支持比例为18.18%，而成熟期企业获得税收政策支持比例为23.53%。从三个阶段获得财政政策和税收政策支持资金额来看，同样是成熟期企业获得资金额最多，然后是成长期企业，最后是初创期企业。由此可见，无论是财政政策还是税收政策，企业生命周期各阶段间存在较大差别，后期阶段的企业获得财税政策较多，而早期阶段企业获得较少。

（二）相关性检验与分析

表4.7列出了财税政策、外部融资及其他控制变量的相关性检验以及膨胀因子VIF。首先，分析被解释变量与解释变量之间的相关性。在未控制其他因素的前提下，结果显示无论是财政政策和税收政策的支持金额，还是财政政策和税收政策的哑变量，与本期外部债务融资增加额和外部债务融资总额均在1%水平上显著正相关，这表明企业获得财政政策或税收政策支持，能够取得较多的外部债务融资；财政政策或税收政策支持金额越多，越有利于企业获得外部融资。其次，分析被解释变量与控制变量之间的相关性。企业规模、企业年龄与外部融资显著正相关，即规模越大，成立时间越长，企业获得外部债务融资能力越强。从负责人出生地来看，本地出生可以增加本期外部债务融资，而负责人持股与外部融资负相关，这个结果与企业家财富越多，越容易获得外部融资不一致，也可能与科技型中小企业外部融资困难，以自有资金为主有关。最后，分析控制变量之间的相关性。只有企业规模与企业年龄的相关系数较高为0.3678，其他控制变量间的相关系数均在0.3以下。且进一步检验被解释变量和解释变量间的膨胀因子，其VIF的系数均小于2。由此可见，被解释变量与解释变量具有显著相关性，可以进行回归分析。解释变量以及控制变量之间由于相关系数较低，因此不存在多重共线性。

五、财税政策对科技型中小企业外部融资影响的回归分析

根据调查获得807家科技型中小企业的数据，把企业是否获得财政政策（dgov）和税收政策（dtax）作为解释变量，把企业本期外部债务融资增加额以及企业债务融资总额的对数作为被解释变量，并考虑其他控制变量的影响。为了保证回归分析结果有效，绘制了残差图并进行了怀特检验，结果表明存在异方差。因此，采用了OLS+稳健标准差回归，这是目前通行的处理异方

表 4.7　财税政策、外部融资及其控制变量的相关系数与膨胀因子

变量	Δsdet	debt	dtax	dgov	tax	gov	lnsize	age	born	mcg
Δsdet	1.000									
debt	0.2347***	1.000								
dtax	0.1084***	0.1161***	1.000							
dgov	0.3045***	0.1483***	0.0831**	1.000						
tax	0.1057***	0.1894***	0.9058***	0.0703**	1.000					
gov	0.3369***	0.1872***	0.0699***	0.9295***	0.0734**	1.000				
lnsize	0.2070***	0.6390***	0.1508***	0.1324***	0.2300***	0.2012***	1.000			
Age	0.1914***	0.3611***	0.0878**	0.0977**	0.1288***	0.1292***	0.3678***	1.000		
born	0.0650*	0.0794**	0.0406	0.0226	0.0728**	0.0043*	-0.1020***	0.0843**	1.000	
mcg	-0.0135	-0.1594***	-0.0525	-0.0819**	-0.0735***	-0.0871*	-0.2221***	-0.0887**	0.1325***	1.000
VIF			1.03	1.03	1.05	1.05	1.25	1.18	1.07	1.04
VIF			1.03		1.05		1.29	1.18	1.05	1.07

注：***、**、* 分别表示在 1%、5%、10% 水平上显著。

差的方式。在异方差情况下，若使用了稳健标准差，所有参数估计、假设检验均可照常进行（陈强，2013），回归结果如表4.8所示。

（一）财税政策对外部融资影响的信号效应分析

从表4.8的回归结果可以看出，本期外部债务融资增加额与财政政策在1%水平上显著、外部债务融资总额与财政政策在5%水平上显著，表明科技型中小企业获得财政政策支持对企业外部债务融资具有显著的促进作用。而从税收政策效果来看，本期外部债务融资增加额与税收政策在10%水平上显著，外部债务融资总额与税收政策正相关，但不显著。该结果表明税收政策对企业当期获得外部债务融资具有显著的效果，而对过去交易或事项形成的债务具有积极影响作用，但效果不显著。且从财政政策与税收政策对企业外部融资影响系数上来看，财政政策的系数明显大于税收政策的系数，表明科技型中小企业获得财政政策支持比获得税收政策支持对外部融资的影响大。由此可见，本章假设4-1得到了支持。

从其他控制变量来看，回归系数符合经济意义，企业规模和企业年龄与本期外部债务融资增加额和外部债务融资总额均在1%水平上显著正相关，说明企业规模越大，成立时间越长，越有利于企业获得外部债务融资。负责人是否是本地出生与本期外部债务融资增加额在5%水平上显著正相关，与外部债务融资总额正相关但不显著，这表明本地出生的负责人具有较多的关系，能够帮助企业获得短期外部债务融资。负责人是否是第一大股东与企业外部负债融资具有正相关关系，但均不显著。

（二）产权性质对财税政策影响外部融资的调节效应分析

非国有样本回归结果显示，财政政策与本期外部债务融资增加额和外部债务融资总额分别在1%和5%水平上显著正相关，表明非国有企业获得财政政策支持对外部债务融资具有显著的积极作用。而税收政策与本期外部债务融资增加额在10%水平上显著，对外部债务融资总额效果不显著。相对于财政政策，税收政策在提升企业融资能力方面作用不明显。然后，从国有企

表4.8　财税政策与外部融资的回归分析结果

变量	有效样本		产权性质				生命周期					
			国有样本		非国有样本		初创期		成长期		成熟期	
	Δsdet	sdet	Δsdet	sdet	Δsdet	sdet	Δsdet	sdet	Δsdet	sdet	Δsdet	sdet
dgov	1.9181*** (0.000)	0.5555** (0.021)	0.8504 (0.392)	-0.0117 (0.993)	2.0635*** (0.000)	0.6267** (0.014)	1.1468*** (0.007)	0.3005 (0.555)	1.9337*** (0.000)	0.5380 (0.115)	2.5565*** (0.000)	0.9198** (0.011)
dtax	0.4778* (0.081)	0.1105 (0.685)	-0.1961 (0.845)	0.9522 (0.365)	0.5062* (0.056)	0.0257 (0.930)	0.6795* (0.075)	-0.7740 (0.192)	0.4983 (0.301)	-0.1143 (0.782)	0.2109 (0.721)	0.5003 (0.230)
lnsize	0.1737*** (0.000)	0.9958*** (0.000)	-0.1412 (0.510)	1.2532*** (0.000)	0.1891*** (0.000)	0.9728*** (0.000)	0.0552 (0.308)	0.6289*** (0.000)	0.1489 (0.288)	1.1167*** (0.000)	0.0768 (0.584)	1.0507*** (0.000)
age	0.3432*** (0.000)	0.7268*** (0.000)	-0.1002 (0.863)	0.2306 (0.581)	0.4035*** (0.000)	0.7670*** (0.000)	0.0992 (0.338)	0.7088*** (0.002)	0.6496*** (0.000)	0.6133** (0.014)	0.1013 (0.771)	0.1289 (0.625)
born	0.4516** (0.027)	0.1650 (0.491)	1.0118 (0.281)	-0.7080 (0.568)	0.3725* (0.077)	-0.0821 (0.743)	0.0351 (0.827)	-0.2557 (0.539)	0.2899 (0.435)	-0.2602 (0.500)	1.4987** (0.014)	0.1496 (0.712)
mcg	0.2574 (0.236)	0.0087 (0.971)	-1.2108 (0.291)	1.8612* (0.072)	0.1540 (0.497)	0.0569 (0.823)	0.0791 (0.695)	-0.3351 (0.433)	0.0096 (0.981)	0.3685 (0.309)	0.8655 (0.112)	0.0770 (0.866)
con	-2.0385*** (0.000)	-4.1195*** (0.000)	2.5693 (0.351)	-5.1422* (0.076)	-2.1599*** (0.000)	-4.1059*** (0.000)	-0.4758 (0.337)	-1.0844 (0.267)	-2.1362 (0.151)	-5.1642*** (0.000)	-0.8966 (0.638)	-4.1939* (0.095)
Ind	控制	控制	控制	控制	控制	控制	控制	控制	控制	控制	控制	控制
n	807	807	66	66	741	741	329	329	308	308	170	170
R^2	0.1453	0.4393	0.2218	0.5188	0.1598	0.4223	0.1087	0.2197	0.1296	0.2261	0.1603	0.3514

注：***，**，* 分别表示在1%、5%、10%水平上显著，括号内数值表示对应系数的 p 值。

业样本来看，不管是财政政策还是税收政策对企业本期外部债务融资增加额和外部债务融资总额均没有显著的作用，由此可见，产权性质在财税政策对科技型中小企业外部融资影响中具有调节效应。相对于国有企业，财税政策对非国有企业外部融资效果影响较大，且财政政策比税收政策效果更好，支持本章假设 4 - 2。

然后从其他控制变量来看，企业规模和企业年龄对非国有企业的本期外部债务融资增加额与外部债务融资总额均在 1% 水平上显著，表明非国有的科技型中小企业规模越大，企业成立时间越长，外部融资能力则越强。而这两个控制变量对国有企业则效果不显著，这表明国有企业的外部融资与企业特征关系不大，这与已有文献研究结论是一致的，由于国有企业受到外部融资约束较少，企业特征对企业外部融资影响不大。

（三）生命周期对财税政策影响外部融资的调节效应分析

财政政策与本期外部债务融资增加额在三个分组样本中均在 1% 水平上显著，在初创期、成长期、成熟期样本回归结果中，财政政策的影响系数分别为 1.1468、1.9337 和 2.5565，财政政策对成熟期企业的影响系数明显高于初创期和成长期企业。然后看财政政策与外部债务融资总额的关系，只有成熟期企业在 5% 水平上显著，而初创期和成长期企业正相关但不显著。财政政策对外部债务融资总额的影响系数分别为：初创期为 0.3005、成长期为 0.5380、成熟期为 0.9198。由此可见，财政政策对生命周期不同阶段企业的外部融资影响不同，后期阶段企业受财政政策的影响大。而税收政策对三组样本的影响差异不大。这个结果表明财政政策对科技型中小企业本期外部债务融资具有积极作用，生命周期具有调节效应，且企业越成熟，财政政策对其外部融资影响越大，本章假设 4 - 3 得到部分支持。

六、稳健性检验

尽管在财税政策与外部融资回归分析中采用两种方法计算外部融资，并采用稳健标准差回归避免异方差导致研究结论不真的现象，提高了回归的有效性。但为了进一步检验上述分析结果是否具有稳健性，本部分以财税政策支持额的对数为解释变量，来检验上述结论是否仍然成立。运用STATA12.0，采用OLS + 稳健标准差进行回归，同样控制了企业规模、企业年龄、负责人出生地、负责人持股情况以及行业，其回归结果摘要如表4.9所示。

表4.9　　　　　　　　　财税政策对企业外部融资影响的回归结果摘要

样本		gov	tax	n	R^2
有效样本	Δsdet	0.3708 *** (0.000)	0.0744 (0.201)	807	0.1548
	sdet	0.0902 ** (0.039)	0.0616 (0.232)	807	0.4383
国有企业	Δsdet	0.1093 (0.489)	− 0.0632 (0.668)	66	0.2187
	sdet	− 0.0941 (0.644)	0.0792 (0.576)	66	0.5173
非国有企业	Δsdet	0.4078 *** (0.000)	0.1026 (0.114)	741	0.1753
	sdet	0.1129 ** (0.013)	0.0336 (0.564)	741	0.4226
初创期	Δsdet	0.2583 ** (0.011)	0.2201 * (0.069)	329	0.1225
	sdet	0.0805 (0.474)	− 0.2032 (0.296)	329	0.2173
成长期	Δsdet	0.3254 *** (0.000)	0.0382 (0.687)	308	0.1186
	sdet	0.0628 (0.342)	− 0.0349 (0.663)	308	0.2238
成熟期	Δsdet	0.4979 *** (0.000)	0.0141 (0.883)	170	0.1998
	sdet	0.1603 *** (0.006)	0.0971 (0.143)	170	0.3552

注：*** 、** 、* 分别表示1%、5%、10%水平上显著，括号内数值表示对应系数的p值。

由表4.9可见，总样本回归结果显示，对于本期外部债务融资增加额和外部债务融资总额，财政政策变量的系数分别在1%和5%水平上显著，而税收政策对外部债务融资总额和本期外部债务融资增加额都具有正向影响，但不显著，这个结论和采用财税政策哑变量回归的结果一致，进一步支持了本章假设4-1。然后从产权性质分样本来看，财政政策对非国有企业的本期外部债务融资增加额和外部债务融资总额分别在 1% 和 5% 水平上显著，而国有企业样本，无论是财政政策还是税收政策，对企业外部融资均不显著，这也进一步说明产权性质具有调节效应，获得财税政策支持对非国有企业的外部融资影响较大，支持假设 4 - 2。从生命周期分样本来看，财政政策与三个阶段样本的本期外部债务融资增加额均显著正相关，且财政政策变量的影响系数从初创期、成长期到成熟期企业样本依次递增。同样，财政政策对三个阶段的外部债务融资总额也具有正向影响作用，但初创期和成长期不显著，而成熟期的影响系数显著为正，且系数也是三组样本中最大的。因此，相对于初创期企业，成长期和成熟期企业受财政政策影响更大。而税收政策对企业外部融资的效果不显著，且结论不稳定，因此本章假设 4 - 3 得到部分支持。从表 4.9 来看，不论是从总样本来看，还是从产权性质与生命周期分组样本来看，财政政策对企业外部融资的影响明显大于税收政策，这和本章假设 4 - 1 是吻合的。因此经过稳健性检验，其结果和表 4.8 回归结果较为一致，从而表明本章研究结论具有稳健性。

本章小结

通过理论分析财税政策对科技型中小企业外部融资的影响，提出本章研究假设。然后根据问卷调查数据对科技型中小企业融资现状进行分析，并在此基础上通过实证分析检验本章研究假设。主要研究内容和结论如下。

（一）财税政策与外部融资的理论分析

通过不完全信息博弈分析政府行为对外部资金供给者行为的影响，根据分离均衡和混合均衡分析表明政府选择财税政策支持行为具有信号效应，会影响外部资金供给者的资金提供。由于财政政策与税收政策在支持方式、管理模式等方面存在差异，因此，财政政策与税收政策对科技型中小企业外部融资影响也不同，并提出本章假设 4 - 1。然后，根据信贷配给理论分析认为产权性质对财税政策与外部融资具有调节效应，国有产权性质的科技型中小企业比非国有产权性质的企业更容易获得外部融资，提出本章假设4－2。最后，根据金融周期理论分析了财税政策对生命周期不同阶段的科技型中小企业外部融资的影响，并提出本章假设4－3。

（二）样本选择与外部融资现状分析

本章研究对象是非上市的科技型中小企业，采用调查问卷方式获得研究数据。根据调查数据对回收问卷进行了剔除和挑选，最终选出807家科技型中小企业样本。对有效样本在行业、生命周期、产权性质、年龄的分布情况进行了统计分析，表明科技型中小企业以私营控股为主，较为年轻，企业规模较小。通过对科技型中小企业的外部融资现状分析发现，科技型中小企业资产负债率较低，权益融资比例高，且以自有资金为主。从债务期限结构来看，以流动负债为主，长期负债较少。

（三）财税政策与外部融资的实证分析

运用STATA软件，采用OLS＋稳健标准差法回归分析发现，财政政策与税收政策对企业外部融资均具有正向激励作用，且财政政策比税收政策对外部融资影响大；从产权性质分组样本来看，财税政策对非国有企业外部融资影响显著，而对国有企业影响较小；从生命周期分组样本来看，财政政策对三组样本的外部债务融资增加额均具有显著影响，而对外部融资总额只有成熟期企业显著。但从财政政策变量系数来看，不论是本期外部债务融资增加额还是外部债务融资总额对成熟期企业影响最大，对初创期企业影响最小。而税收政策对外部融资影响均不显著。

| 第五章 |

财税政策对科技型中小企业创新绩效影响研究

强式有效市场环境下，市场机制能够调整资源配置，使其达到帕累托最优。然而，现实市场是非有效的，市场失灵时常出现。创新活动的不确定性和正外部性影响科技型中小企业创新发展的积极性与主动性，因此需要政府采取相应的政策措施给予激励和引导。一方面通过财政政策激励企业从事创新活动，另一方面通过税收政策引导科技型中小企业向创新领域投资。本章先从理论上分析财政政策和税收政策对科技型中小企业创新绩效的影响，并提出研究假设；然后对研究假设进行检验。

第一节 财税政策对科技型中小企业创新绩效影响的理论分析

一、财税政策对科技型中小企业创新绩效影响的激励效应分析

(一) 政府财税政策支持对企业创新行为选择的影响分析

我国一直以来非常重视中小企业的创新发展，《国家中长期科学和技术发展规划纲要（2006－2020 年）》明确提出"要营造良好创新环境，扶持中

小企业的技术创新活动"。近年来，我国从财税、风险投资、资本市场、信贷等多方面制定了支持科技型中小企业创新发展的政策和措施，其中最重要的是对科技型中小企业从事创新活动给予的财政政策和税收政策支持。其初衷是通过财税政策减少科技型中小企业创新成本，激励和引导企业创新发展。但是政府与科技型中小企业之间信息不对称，在利润最大化目标的驱动下，企业有可能将获得的财税政策资金用于风险小、私人收益稳定的传统项目上，从而导致财税政策无效。本章在借鉴蔡（Tsai，2009）、张维迎（2012）、秋明（2014）的基础上，试图通过财税政策支持与企业创新行为的动态博弈过程，分析政府行为与企业行为的相机选择，该博弈的参与者假设为政府 G 和企业 E。

1. 模型假设。

（1）政府 G 的相关假设。政府希望通过财税政策激励企业进入创新领域，产生更大的社会收益。为了简化博弈分析，假设政府财税政策支持资金额为 S。由于政府和企业信息不对称，可能产生道德风险问题，即企业通过创新程度高、风险高、社会收益大的项目申请获得财税政策支持，但是获得政府资金后，企业有可能将资金投入到私人收益高的其他项目上。因此，政府需要对支持的企业项目进行跟踪监督。假设政府监督的概率为 P_2，不监督概率为 $1 - P_2$，监督成本为 C_0。若监督发现企业没有将财税支持资金运用到承诺项目上，政府对此进行惩罚，惩罚金额为 F，且 $F > C_0$。假设政府一旦检查就一定可以发现企业是否将政府资金运用到承诺项目上。假设企业从事财税政策支持的项目或创新活动，政府的社会收益函数为 $I(x)$，且满足下面条件：

$$I(0) = 0; I'(x) > 1 \tag{5.1}$$

（2）企业 E 的相关假设。假设企业为创新项目申请财税政策支持需要花费的成本为 C_1；若企业获得财税政策支持，且将财税资金投入到承诺的创新项目上，企业的私人收益为 A；若企业获得财税政策支持，但没有将资金投入到承诺的创新项目上，而是投入到风险低、收益稳定的其他项目上，企业的私人收益为 B；假设企业没获得财税政策支持，考虑到创新风险和技术溢出等问题，企业不进行创新项目投资，但企业已经支付了申请成本，因此企业的私人收益为 $-C_1$，假设 $A > B > 0 > -C_1$。企业获得财税政策支持，且将政府资金投入到承诺项目上的概率为 P_1，没有投入到承诺项目上的概率为 $1 - P_1$。

2. 政府和企业的支付。政府和企业的支付如下：企业选择不申请进入创新领域，财税政策不支持，企业创新收益为 0，政府社会收益为 0，即企业和政府的支付为（0，0）。企业选择进入申请创新领域，但没获得财税政策支持，企业损失了创新项目申请成本，企业的私人收益为 $-C_1$。在没有获得财税政策支持的情况下，企业不实施创新项目，社会将失去创新收益以及溢出效应收益，假设社会收益为 $-D$，且 $D > S$，即企业和政府的支付为（$-C_1$，$-D$）。企业获得了财税政策支持且投入到承诺项目上，政府进行监督，则企业收益为 $A - C_1$，政府的社会收益为 $I(P + S) - S - C_0$，即企业和政府支付为 $[A - C_1, I(P + S) - S - C_0]$；企业获得了财税政策支持且投入到承诺项目上，政府没进行监督，则企业收益为 $A - C_1$，政府的社会收益为 $I(P + S) - S$，即企业和政府支付为 $[A - C_1, I(P + S) - S]$；企业获得了财税政策支持，没将政府资金投入到承诺项目上，而是投入到了其他风险小的项目上，政府进行监督，则企业私人收益为 $B + S - F - C_1$，政府的社会收益为 $F - S - C_0$，即支付为（$B + S - F - C_1$，$F - S - C_0$）；企业获得了财税政策支持，没将政府资金投入到承诺项目上，政府没进行监督，则企业私人收益为 $B + S - C_1$，政府的社会收益为 $-S$，即支付为（$B + S - C_1$，$-S$）。上述政府和银行的博弈过程如图 5.1 所示，括号中分别为企业支付和政府支付。

3. 均衡分析。逆向归纳法是基于有限完全信息，求子博弈精炼纳什均衡的最简单方法，但有些不完全信息博弈也可以运用逆向归纳法的逻辑求均衡解（张维迎，2012）。在图 5.1 中，企业选择投或不投向政府承诺的项目与政府进行或不进行监督检查是一个混合博弈，该混合博弈阶段企业和政府的期望收益分别如下。

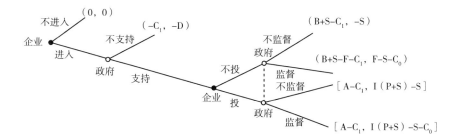

图5.1　企业与政府的不完全信息博弈

资料来源：张维迎. 博弈论与信息经济学［M］. 上海：上海人民出版社，2004：102.

企业期望收益：

$$E_{企} = P_1 \times \left[P_2 \times (A - C_1) + (1 - P_2) \times (A - C_1) \right] + (1 - P_1)$$
$$\times \left[P_2(B + S - F - C_1) + (1 - P_2) \times (B + S - C_1) \right] \quad (5.2)$$

政府期望收益：

$$E_{政} = P_2 \times \left[P_1 \times (I(P + S) - S - C_0) + (1 - P_1) \times (F - S - C_0) \right] + (1 - P_2)$$
$$\times \left[P_1(I(P + S) - S) + (1 - P_1) \times (-S) \right] \quad (5.3)$$

对 $E_{企}$ 和 $E_{政}$ 求一阶偏导数，求该阶段混合博弈的均衡解。

$$\frac{\partial E_{企}}{\partial p_1} = A + P_2 \times F - S = 0 \Rightarrow P_2^* = \frac{S - A}{F} \quad (5.4)$$

$$\frac{\partial E_{政}}{\partial p_2} = F - C_0 - P_1 \times F = 0 \Rightarrow P_1^* = \frac{F - C_0}{F} \quad (5.5)$$

将 P_1^* 和 P_2^* 代入 $E_{企}$ 和 $E_{政}$ 可得：

$$E_{企} = A - C_1 \quad (5.6)$$

$$E_{政} = I(P + S) - S - \frac{I(P + S)}{F} \times C_0 = \left(1 - \frac{C_0}{F}\right) I(P + S) - S \quad (5.7)$$

根据逆向归纳法的博弈分析次序，在得出上述政府和企业的期望收益解后，可以对第二阶段政府支持和不支持的选择进行分析。只要满足 $I(P + S) + D \geq I(P + S)\dfrac{C_0}{F} + S$，即 $E_{政} > -D$，就意味着政府在第二阶段会选择财税政策支持。因为 $I'(x) > 1, C_0 < F, D > S$，显然，$I(P+S) + D \geq I(P+S)\dfrac{C_0}{F} + S$ 成立。然后，再看第一阶段的选择，企业知道如果博弈进入第二阶段，政府将选择财税政策支持，企业在第一阶段的最优选择是进入创新领域（因为 $E_企 > A - C_1 > 0$，若选择不进入则收益为 0）。这样，均衡结果是企业选择进入创新领域得到 $A - C_1$ 支付，政府选择财税政策支持，使得社会收益最大化。

（二）财政政策与税收政策对企业创新绩效的影响差异分析

创新活动的正外部性和创新收益的不确定性抑制了企业创新活动的积极性，这给政府采用财税政策调控市场失灵提供了理论依据。激励性规制理论认为在信息不对称前提下，政府机构制定法律、规章和政策给予企业正面诱因，可以提高生产或经营效率，税收政策和财政政策是常被政府采用的激励措施。通过税收减免或税率优惠的方式降低企业创新投入成本，从而激励创新，因此税收政策是一种间接的激励方式。税收政策是对某一行业或某一类型创新活动的政策措施，对优惠对象的选择具有中性，对市场管理具有成本低、普遍性和公平性强的特点（OECD，2002；程华，2006）。财政政策是政府通过严格的审核和审批程序，对符合条件的企业或具体项目给予一定数额的资金资助、贷款贴息或不以营利为目的的资本金投入，是一种直接的激励方式，具有针对性强、反应迅速等特点（戴晨，2008；马伟红，2011）。

科技型中小企业资金不足，不仅创新投入阶段无法顺利实施，创新成果的转化以及新产品的推广也会受到阻碍。政府项目资助、贷款贴息等财政政策给予创新项目直接资金支持，有利于推动创新项目开展。朱平芳和徐伟民（2003）以上海 23 个大中型工业企业为研究对象，实证分析表明财政政策和税收政策对企业研发投入具有积极作用，且两种工具具有互补效应，财政政策比税收政策影响更为长久。贝鲁贝和莫内（Berube and Mohne，2009）研究发现同时享受财政政策和税收政策的企业能够比只享受税收政策的企业产出更多的新产品。税收政策具有降低创新活动成本、给予创新损失间接补偿的作用，也是降低企业创新投资风险的重要途径（戴晨和刘怡，2008），有利于企业创新绩效提升。查米蒂亚等（Czamitzki et al.，2005）研究发现创新投入税前扣除对企业从事创新活动具有重要影响，同时也能提高企业的创新产出。李杰（2013）以生物制药上市公司为研究对象，表明流转税优惠和所得税优惠对企业研发投入具有积极作用。由此可见，财政政策与税收政策对科技型中小企业开展创新活动、提升创新绩效都有重要作用。

由于财政政策和税收政策对企业创新的激励方式不同，所产生的效果也会有差异。财政政策大多在创新活动前给予支持，企业在利益驱动下有动机产生道德风险问题，导致财政资金没有被用到创新活动上。而税收政策则属于创新活动事后支持，税收优惠支持资金直接与创新活动有关，用于其他非创新活动的机会较少。已有研究文献表明税收政策有效性好于财政政策，戴晨和刘怡（2008）以我国各省份为对象研究了财政政策和税收政策对企业研发投入的效果，分析发现税收政策效果显著，而财政政策效果不显著。朱云欢和张明喜（2010）研究表明税收优惠所产生的诱导能力是财政补贴的4.14 倍，远远超过财政补贴。综上所述，提出本章如下假设。

假设 5 - 1：财政政策和税收政策对科技型中小企业创新绩效均具有激励效应，且税收政策对企业创新绩效的激励效应比财政政策大。

二、企业产权性质对财税政策影响创新绩效的调节效应分析

虽然公共利益理论认为政府通过政策措施纠正市场失灵或社会福利分配不公的现象，从而提高社会福利水平，但是佩尔兹曼（Peltzman，1976）认为各利益集团为了获得更多的利益，会通过"俘获"政策制定者，从而导致政策只对个别利益集团有利。政策制定者也是具有自利性的，会通过政策制定获得更多租金，政策并非完全公平有效，会受到其他因素影响。对于不同产权性质的科技型中小企业来说，国有企业相比非国有企业，在获得政策支持上具有更多优势。白俊红（2010）统计了1998～2008 年 37 个行业大中型企业获得政府资助情况，分析表明国有产权比重较低的行业获得政府 R&D 资助所占的份额为 22.1%～38.6%，而国有产权比重较高的行业获得政府资

助所占份额为61.4% ~77.9%。潘红波和余明桂（2011）从政府在国有企业中扮演的"支持之手"和"掠夺之手"两种角色分析表明国有企业能够获得更多的政策支持。学者普遍认为政策对象更偏好于国有企业，肖兴志（2013）分析了1273家上市公司发布的2012年年报，发现政府补贴额最大的10家企业中，仅有两家非国有企业。那么获得财税政策支持较多的国有企业是否创新绩效较好呢？国有企业肩负着较多的政府职能，如增加就业、社会稳定和地方经济发展等（Shleifer，1994），政府官员的晋升和私人收益也多从国有企业获取，容易成为政府官员的寻租对象。虽然财税政策支持更偏好于国有企业（肖兴志，2013），但是为了保证非经济目标的实现，国有企业在投资决策中会采用更稳健的策略（李文贵和余明桂，2012）。白俊红（2010）研究发现国有产权性质与企业创新投入、专利、新产品收入等负相关。国有企业的经营效应和社会贡献不高，导致整个社会稀缺资源配置的扭曲（余明桂，2010）。由此可见，产权性质会影响财税政策对创新绩效的作用效果，即产权性质存在调节效应，且从国有企业肩负的社会目标等角度分析认为国有产权性质不利于提高企业创新绩效。综上所述，提出本章如下假设。

假设5-2：产权性质对财税政策影响创新绩效具有调节效应；相对于国有企业，财税政策对非国有的科技型中小企业创新绩效影响更大。

三、企业生命周期对财税政策影响创新绩效的调节效应分析

科技型中小企业生命周期各阶段的创新特点不同，会影响财税政策效果。种子期企业是科技型中小企业创业的前期，是从创意产生，经历研发、试验到新产品雏形的时期，创新投入和研制出能够产业化的产品是该阶段的主要任务。初创期企业将新产品推向市场，初步实现科技成果转化，但是产品方向不稳定（陈佳贵，1995），发展速度较慢。因此该阶段企业通过营销创新推广新产品，实现生存目标。成长期企业经历了初创期的产品推广，新产品已被消费者接受，有自己的主导产品，企业逐渐由弱变强（Berger and Udell，1998）。该阶段由于企业发展速度较快，有了一定的影响力，因此，

企业需要通过组织创新、技术产品升级、营销创新等策略，提升市场占有率和影响力。成熟期是技术较为成熟且产品进入大批量生产的阶段（陈玉荣，2010），企业有自己的品牌产品，并树立了良好的企业形象，市场份额稳定。因此，该阶段企业应趋于多样化发展，防止原有的技术和产品落后，加大创新投入，加快技术设备改造和技术产品升级。衰退期企业的设备工艺陈旧，产品落后，生产萎缩，逐渐退出市场，应寻找新的重生机会。

由于科技型中小企业各阶段创新侧重点不同，对政府政策支持方式的需求也不一样（王玉娥，2013）。种子期和初创期的科技型中小企业由于资金实力不强，信用记录少，需通过财政政策资金支持解决融资和技术成果转化问题。另外，种子期和初创期的企业销售收入较少，多处于亏损状态，税收政策特别是所得税政策影响较小。因此，处于该阶段的企业以自有资金和财政政策资助资金为主，财政政策的影响较大，而税收政策作用有限。达林（DaRin，2006）采用了 14 个欧洲国家 1988～2001 年初创期高科技企业数据，分析政府政策对高科技企业创新影响，研究表明财政政策支持对初创期高科技企业的创新投资有积极影响，但所得税税率下降，产生的影响很小。约翰和卡明（Johan and Cumming，2008）分析了澳大利亚政府设立的前种子期投资（PSF）项目，其目的是鼓励初创期高科技企业进行投资，研究表明PSF 项目促进了企业创新投资。我国于 1999 年设立科技型中小企业创新基金项目，目的是支持种子期和初创期科技型中小企业的发展，顾丽琴和梅烨丹（2013）在对创新基金项目作用效果研究中采用 DEA 方法，对研发投入、新产品产值、新增就业等指标进行了评价，结果表明创新基金项目是有效的。李丽青（2007）对与创新相关的税收优惠政策进行问卷调查，并据此对企业研发投入的影响进行实证分析，研究表明税收优惠对企业研发投入具有积极影响，但不显著。而成长期和成熟期的科技型中小企业已有了主导产品，企业规模正在发展壮大，产品销售收入逐渐增多，税收政策对该阶段企业税额让渡的作用将会较为明显。张继良（2014）以上市公司为研究对象，实证分析表明政府财政政策对企业创新绩效具有显著的激励作用，税收政策对企业创新绩效也具有积极作用（张信东，2014），但税收政策效应远远大于财政政策（朱云欢，2010）。综上所述，提出本章如下假设。

假设 5 - 3：生命周期在财税政策对创新绩效影响中具有调节效应；财政政策对早期阶段的科技型中小企业创新绩效影响较大，而税收政策对后期阶段的企业创新绩效影响较大，对早期阶段的企业创新绩效影响较小。

第二节　财税政策对科技型中小企业创新绩效影响的实证分析

一、变量定义与模型设定

（一）变量定义

1. 创新绩效变量的测度。通过梳理已有文献对创新绩效变量进行选取，构建本章中创新绩效指标体系，然后采用主成分分析法对创新绩效进行测度。

首先，创新绩效变量的选取。政府政策对企业创新绩效影响的研究中选择单一指标表示创新绩效的文献较多。有些文献采用研发投入（Czamitzki，2011；张兴龙，2014）；有些文献采用专利申请数或授予数用于测量创新绩效（Björn et al. ，2012）；有些文献采用新产品销售收入或新产品产值为创新绩效的衡量指标（Hall and Maffioli，2008；李瑞茜和白俊红，2013）。虽然单一指标测量创新绩效得到广泛应用，但是单一指标仅反映企业一个方面的创新能力或效果，而无法综合反映企业创新绩效。企业创新是多环节协同演进发展的过程，因此，创新绩效的测量应该综合考虑整个创新过程。

在评价企业创新绩效的研究中较多文献构建了指标体系，采用综合评价法进行研究。由于研究对象、研究方法以及指标体系构建视角的不同，创新绩效的测度存在较大差异。有些文献从经济效益构建指标测量创新绩效（张方华，2007）；有些文献从工艺创新和产品创新两方面构建指标测度创新绩效（Anet，2005；陈劲和陈钰芬，2006；Bérubé and Mohnen，2009）。通过在外文期刊 EBSCO 数据库以及中国知网（CNKI）数据库中搜索"创新绩效""创新能力评价"等关键词，选出了 60 多篇相关文献。然后，根据文献中采用的创新绩效评价方法，以及构建的指标体系，从中挑选出有代表性文献 20 篇①，按照构建的指标、评价对象、评价方法以及代表性学者进行了统计，具体如表 5.1 所示。

表 5.1　　　　　　　　　　　　创新绩效评价指标

指标	评价对象	评价方法	代表性学者
科技研发人员数、研发支出强度	国家	工具变量法	Woff，2008
研发投入强度、研发投入增长率	企业	倾向得分匹配法	Duguet，2004
创新性质、新产品数、新产品的经济效益	企业	倾向得分匹配法	Bérubé，2009
科学与工程类毕业生/20～29 岁人口、受过高等教育人口/25～64 岁人口、企业 R&D 支出/GDP、中高技术 R&D/制造业 R&D 支出、企业新产品销售额/销售总额、百万人口拥有的欧洲发明专利数等共 29 个指标	国家	加权综合评价法	European Commission，2008
企业内部开发了新产品、企业从外部引进了新产品、企业创造了新产品成功的关键技术、企业倾向于较早地接受新的生产流程、销售回报率、销售增长率、税后资产回报率、边际毛利率等 16 个指标	企业	因子分析和回归分析	Eric Hansen，2014
创新项目资助数、投资回报、管理层中的创新者、消费者的接受度	企业	加权综合评价法	Eric，2007
研发新产品的时间、新产品销售收入占比、新产品的竞争力、新产品数、开发新产品的支出比例	企业	平衡计分卡、案例分析法	Cristian-Ionut，2014
新产品优势、营销创新、技术创新、市场潜力、市场竞争力、市场信息、技术信息、前期研发过程情况、相关创意的发展与评估情况、市场分析情况、提前测试情况、投放市场的成熟度、技术熟练程度、产品利润、新产品销售收入、市场占有率、机会窗口	企业	案例分析法、方差分析法、相关性分析法	Song，1996
适合顾客当前需求、适合顾客将来需求以及速度和成本	X	X	Christiansen，2000

---

①　这些文献均采用多个指标测度创新绩效，以创新绩效评价的文献为主。

指标	评价对象	评价方法	代表性学者
研发经费投入、科技人员占比、新产品数、专利数	企业	调查分析法	Cázaresa et al., 2013
研发投入和非研发投入、创新战略的可行性和创新机制的有效性、技术水平先进程度、专利拥有数和技术扩散率、设备水平先进程度、工人技术等级适应度和标准化程度、产品市场占有率、市场了解程度、分销网络化程度	企业	模糊综合评价法	许志晋等, 1997
R&D 人员与 R&D 资本存量、专利授权数和新产品销售收入	省域	随机前沿分析法	白俊红, 2015
新产品开发速度、年新产品数、创新成功率、年申请专利数、新产品产值率	企业	BP 神经网络	张方华, 2006
研发经费、研发人员、新产品经费、技术改造经费、发明专利申请数、新产品销售收入、新产品出口收入	行业	数据包络分析法	官建成和陈凯华, 2009
研发强度、研发人员占比、专利申请书、同比销售增长率、全员劳动生产率、资产负债率	企业	数据包络分析法	李健英和慕羊, 2015
拥有科研机构的企业占所有企业的比重、工程师和科学家占所有人员的比重、开发新产品经费支出占科技获得经费比重、研究与试验发展全时人员当量、研发经费占销售收入的比重、生产设备中微电子控制设备所占比重、工程技术人员占从业人员比重、政府资金占科技经费的比重、创新意识、金融贷款占科技活动经费的比重、专利授权数、出口创新产品销售收入占工业总产值比重、工业增加值率、全员劳动生产率、新产品产值率、技术引进消化吸收能力、技术引进经费比重	行业	灰色关联度	李美娟和陈国宏, 2014
政府科技经费补贴、年度净利润、技术人员占就业比重、R&D 企业投入金额、R&D 研发支出占营业收入比重、R&D 投入增长率、在研发新产品数量、新产品占销售产品的比重、当年申请专利数、科技研发获奖在同行业中的比重、有无核心产业链上的重组兼并活动	企业	粗糙集—层次分析模型	张晓明, 2014
人力资源、财力资源、基础研究载体、技术创新载体、市场化程度、国际投资规模、专利、新产品、商标、产业国际竞争力等33个指标	经济区域	集对分析法	刘凤朝, 2005

指标	评价对象	评价方法	代表性学者
企业科技机构数、科技机构人员数、科技项目数、科技活动经费筹资额、R&D 经费占主营业务收入比重、科学家和工程师占科技活动人员比重、开发新产品经费、新产品开发数目、购买国内技术经费、消化吸收经费、技术引进经费、技术改造经费、专利申请数、新产品产值、产品销售率、总资产贡献率	行业	因子分析法	段婕和刘勇，2011

资料来源：笔者根据文献整理编制。

　　由于企业创新绩效没有统一的定义，不同的学者都有自己独特的见解，且研究对象以及所采用的研究方法不同，因此，尚未形成公认的指标体系。企业创新活动是一个复杂的过程，忽视任何一个环节的创新指标，都会导致创新绩效测量的片面性。根据第三章中对创新绩效含义的梳理，企业创新的过程可归结为创新投入、创新产出、创新转化、创新业绩四个阶段。在借鉴已有文献研究的基础上，根据表 5.1 的 20 篇文献，采用频次法提取适合以企业为研究对象的指标，并按创新投入、创新产出、创新转化以及创新业绩四个方面进行了归类，具体信息如表 5.2 所示。

表 5.2　　　　　　　　　　　创新绩效高频次指标[①]

目标	一级指标	二级指标	提取频次
创新绩效	创新投入	研发经费投入总额	8
		研发投入强度	8
		科技人员占比	11
		技术引进经费	2
	创新产出	专利申请数或授予数	11
		发明专利申请数或授予数	3
		商标	2
		论文等出版物	2

---

　　① 　由于表 5.1 中有些指标的意义相同，但是表达方式不一样，因此表 5.2 是根据表 5.1 的指标蕴含的意义进行了简化。如"工艺创新"指标根据表 5.1 中包括技术改造支出、引进先进设备改造等指标统计获得。

目标	一级指标	二级指标	提取频次
创新绩效	创新转化	产品创新	8
		工艺创新	7
		组织创新	3
		营销创新	3
	创新业绩	销售利润率	2
		新产品销售收入	5
		新产品产值	5
		资产报酬率	2

其次，创新绩效指标体系构建。企业创新是指通过创新投入，获得自主知识产权，掌握核心技术，从而对生产过程和生产技术进行重大改变或者研发出新产品，提升企业经营业绩的过程。企业创新绩效应包括创新投入、创新产出、创新转化、创新业绩四个方面，其中，创新投入是企业创新的起点，也是创新产出与创新转化的基础。创新产出反映了企业拥有自主知识产权和核心技术的创新成果情况，是创新转化的知识支撑。创新转化是将已有的知识产权转为新产品或对生产工艺进行重大改造，企业组织以及营销等管理方式也需要随着产品不同而采用不同策略。因此，创新转化离不开创新产出的成果，同时也是企业业绩提升的关键。创新业绩是企业创新的最终成果，也是企业创新的目的，是对企业创新投入、创新产出以及创新转化的体现和反馈。根据创新绩效变量选取，频次统计法对指标的筛选，本章构建了企业创新绩效的指标体系，如表 5.3 所示。

表 5.3 　　　　　　　　　　**创新绩效的指标体系**

目标	指标类型	指标	指标计算
创新绩效（innp）	创新投入（X_1）	内部研发投入强度（X_{11}）	企业内部研发经费投入总额/期末总资产
		科技人员经费投入强度（X_{12}）	企业科技人员经费投入总额/期末总资产

续表

目标	指标类型	指标	指标计算
创新绩效（innp）	创新产出（X₂）	专利申请数（X₂₁）	（专利申请数 + 1）取自然对数
		发明专利申请数（X₂₂）	（发明专利申请数 + 1）取自然对数
	创新转化（X₃）	产品创新（X₃₁）	本年度推出新产品则为1，否则为0
		工艺创新（X₃₁）	本年度进行工艺创新则为1，否则为0
		组织创新（X₃₃）	本年度实施组织创新则为1，否则为0
		营销创新（X₃₄）	本年度实施营销创新则为1，否则为0
	创新业绩（X₄）	销售净利率（X₄₁）	净利润/销售收入
		资产利润率（X₄₂）	利润总额/总资产

最后，创新绩效变量的测度。通过调查问卷获得表5.3中指标的相关数据，采用因子分析法对创新绩效指标进行信度和效度检验。检验结果显示，创新绩效指标体系的信度系数 Cronbach's Alpha 为0.676，吴明隆（2010）表示在社会科学研究领域中，量表最好在0.70以上，如果在0.60~0.70之间，也可以接受使用，若低于0.50则信度指标欠佳。因此，虽然信度系数没有达到0.70以上，但仍在可以接受的范围，表明创新绩效数据具有较好的一致性。

效度主要包括内容效度和结构效度。本次问卷调查中创新绩效指标体系是基于文献调研、实地访谈、专家意见以及频次法筛选获得的，并经过小范围专家和企业测试，通过反复推敲和理论分析论证，因此具有较好的内容效度。

结构效度采用因子分析法进行检验，当创新绩效变量的各指标具有较高的相关度时，降维效果才好，因此要看指标间偏相关程度 KMO 统计量的值，其值至少要在0.6以上才适合作因子分析（夏怡凡，2010）。根据有效样本数据，运用 SPSS12.0 软件，计算获得 KMO 值为 0.629，且 Bartlett 球形度检验在 0.05 水平上显著，表明各指标间存在相关性，因此，KMO 值和 Bartlett 球形度检验的结果表明指标间相关程度大，适合作因子分析。

表5.4 是创新绩效的因子累积方差贡献率和因子情况。因子个数的选择普遍认同特征值大于1，且满足因子累积贡献率超过70%的要求。从表5.4 中可以看到前4个因子的特征值均大于1，且累积贡献率已经达到72.555%，因此，创新绩效指标体系可以选择4个因子。

表5.4　　　　　　　　　　　解释的总方差

成分	初始特征值			提取平方和载入			旋转平方和载入		
	合计	方差的 %	累积 %	合计	方差的 %	累积 %	合计	方差的 %	累积 %
1	2.933	29.328	29.328	2.933	29.328	29.328	2.180	21.799	21.799
2	1.727	17.267	46.596	1.727	17.267	46.596	1.970	19.703	41.502
3	1.345	13.451	60.046	1.345	13.451	60.046	1.742	17.417	58.918
4	1.251	12.509	72.555	1.251	12.509	72.555	1.364	13.637	72.555
5	0.750	7.497	80.053						
6	0.662	6.624	86.676						
7	0.532	5.319	91.995						
8	0.496	4.964	96.959						
9	0.245	2.452	99.411						
10	0.059	0.589	100.000						

注：提取方法：主成分分析法。

表5.5 是极大方差旋转后的因子载荷矩阵，可以通过该表分析因子结构。从表5.5 中可以看出因子1中组织创新、营销创新、工艺创新和产品创新四个指标的载荷大于0.5，其他指标的载荷都较小，因此，因子1和创新绩效指标体系中衡量创新转化的指标是吻合的；因子2中内部研发投入和科技人员经费投入两个指标的载荷分别为0.973 和0.967，其他指标的载荷都较小，即因子2与创新投入吻合；因子3中发明专利和专利两个指标的载荷

分别为 0.922 和 0.898，其他指标载荷较小，即因子 3 与创新产出吻合；因子 4 中资产利润率和销售净利润两个指标的载荷分别为 0.827 和 0.814，其他指标载荷较小，即因子 4 与创新业绩吻合。因此，构建的创新绩效指标体系结构合理，且具有较强的解释力，即满足结构效度。

表 5.5　　　　　　　　　　　　　旋转成分矩阵[a]

指标	成分			
	1	2	3	4
产品创新（X_{31}）	0.759	0.074	0.098	−0.066
营销创新（X_{34}）	0.751	−0.060	0.040	0.082
组织创新（X_{33}）	0.705	0.009	0.133	−0.069
工艺创新（X_{32}）	0.685	0.201	0.129	−0.021
内部研发投入强度（X_{11}）	0.057	0.973	0.097	0.009
科技人员经费投入强度（X_{12}）	0.097	0.967	0.139	0.017
发明专利申请（X_{22}）	0.140	0.078	0.922	0.004
专利申请（X_{21}）	0.193	0.160	0.898	−0.015
资产利润率（X_{42}）	0.017	0.071	−0.073	0.827
销售利润率（X_{41}）	−0.067	−0.049	0.064	0.814

注：提取方法：主成分分析法；旋转法：具有 Kaiser 标准化的正交旋转法。
a. 旋转在 4 次迭代后收敛。

　　根据表 5.4 列出的旋转后因子载荷矩阵，以及表 5.5 中的因子中各指标系数，抽取主成分系数矩阵。为了与上面创新绩效指标体系中符号对应，X_1 表示创新投入，即因子 2；X_2 表示创新产出，即因子 3；X_3 表示创新转化，即因子 1；X_4 表示创新业绩，即因子 4。各因子的计算如下：

$$X_1 = \frac{0.973}{\sqrt{1.970}}X_{11} + \frac{0.967}{\sqrt{1.970}}X_{12} + \frac{0.160}{\sqrt{1.970}}X_{21} + \frac{0.078}{\sqrt{1.970}}X_{22} + \frac{0.074}{\sqrt{1.970}}X_{31}$$

$$+ \frac{0.201}{\sqrt{1.970}}X_{32} + \frac{0.009}{\sqrt{1.970}}X_{33} - \frac{0.060}{\sqrt{1.970}}X_{34} - \frac{0.049}{\sqrt{1.970}}X_{41} + \frac{0.071}{\sqrt{1.970}}X_{42}$$

$$(5.8)$$

$$X_2 = \frac{0.097}{\sqrt{1.742}}X_{11} + \frac{0.139}{\sqrt{1.742}}X_{12} + \frac{0.898}{\sqrt{1.742}}X_{21} + \frac{0.922}{\sqrt{1.742}}X_{22} + \frac{0.098}{\sqrt{1.742}}X_{31}$$
$$+ \frac{0.129}{\sqrt{1.742}}X_{32} + \frac{0.133}{\sqrt{1.742}}X_{33} + \frac{0.040}{\sqrt{1.742}}X_{34} - \frac{0.073}{\sqrt{1.742}}X_{41} + \frac{0.064}{\sqrt{1.742}}X_{42}$$

$$(5.9)$$

$$X_3 = \frac{0.057}{\sqrt{2.180}}X_{11} + \frac{0.097}{\sqrt{2.180}}X_{12} + \frac{0.193}{\sqrt{2.180}}X_{21} + \frac{0.140}{\sqrt{2.180}}X_{22} + \frac{0.759}{\sqrt{2.180}}X_{31}$$
$$+ \frac{0.685}{\sqrt{2.180}}X_{32} + \frac{0.705}{\sqrt{2.180}}X_{33} + \frac{0.751}{\sqrt{2.180}}X_{34} - \frac{0.067}{\sqrt{2.180}}X_{41} + \frac{0.017}{\sqrt{2.180}}X_{42}$$

$$(5.10)$$

$$X_4 = \frac{0.009}{\sqrt{1.364}}X_{11} + \frac{0.017}{\sqrt{1.364}}X_{12} - \frac{0.015}{\sqrt{1.364}}X_{21} + \frac{0.004}{\sqrt{1.364}}X_{22} - \frac{0.066}{\sqrt{1.364}}X_{31}$$
$$- \frac{0.021}{\sqrt{1.364}}X_{32} - \frac{0.069}{\sqrt{1.364}}X_{33} + \frac{0.082}{\sqrt{1.364}}X_{34} + \frac{0.814}{\sqrt{1.364}}X_{41} + \frac{0.827}{\sqrt{1.364}}X_{42}$$

$$(5.11)$$

因子方差贡献表示各因子解释原来变量的能力，也反映因子的相对重要程度，因此，可以根据因子方差贡献率，对因子得分进行加权求和，得到因子的综合得分值，即本章中的创新绩效变量值。计算公式为：

$$innp = X_1 \times 1.970 + X_2 \times 1.742 + X_3 \times 2.180 + X_4 \times 1.364 \quad (5.12)$$

2. 控制变量。在借鉴文献研究的基础上，考虑科技型中小企业特点，在实证分析财税政策对科技型中小企业创新绩效影响时，需要剔除企业规模、企业年龄、行业等因素的影响，为此，本章对以下变量进行控制。

（1）资产负债率（lev）。代理成本理论认为负债融资在给企业带来财务杠杆的同时，会增加企业代理成本，因此资本结构影响企业战略决策。但关于负债融资对企业创新绩效影响的研究结论不一致，阿格因（Aghion，1992）认为企业增加负债融资，会促进企业技术创新投入的增加；而理查德（Richard，2003）则认为资本结构中负债的比重对研发投资有约束，高负债不利于企业创新绩效提升。本章通过对该变量的控制，增加财税政策对创新绩效影响的可靠性，也为资产负债率对科技型中小企业创新绩效的影响提供依据。该变量定义为：资产负债率＝期末负债总额/期末总资产。

（2）企业规模（lnsize）。自从熊彼特开创性地研究企业规模与创新的关系之后，国内外学者对此进行了广泛的探索。一种观点认为大企业有利于创新绩效提升，因为大企业拥有更多的人力和财力资源，同时市场支配能力和承受风险能力比小企业占有优势（熊彼特，1950）；在部门间协同方面，大企业拥有更多的职能部门和科技研发人员，有利于成本分摊，提高研发效率（Chen and Chien，2004）。另一种观点认为小企业更有利于企业创新，原因是小企业机制灵活，在引进新产品和新技术战略决策时沟通更加便利，能够迅速调整内部安排，并对市场需求反应迅速，创新效率更高（Rothwell，1994）。因此，控制企业规模变量，一方面对科技型中小企业创新绩效影响提供经验依据，另一方面有利于更好地检验财税政策的效应。本章中企业规模采用期末总资产的自然对数表示。

（3）企业年龄（age）。一般认为，成立时间长的企业知识积累较多，具有充分的技术创新资源和基础，有充裕的资金用于研发（孙婷等，2011）；也有观点认为新成立的企业迫于竞争的压力，创新动力更大（陆国庆，2011）。该变量的定义同第四章。

（4）企业负责人技术背景（dul）。企业管理者的视野是有限的，对于企业内外部环境只能是有选择的观察，企业信息也是经过个人认知后形成。如果企业负责人兼职技术负责人，那么企业技术创新程度一定会在企业负责人视察范围内，负责人会更多地从技术创新的角度分析战略决策，从而有利于企业创新绩效提升。维尔塞马和班特尔（Wiersema and Bantel，1992）认为，具有工程、科学专业背景的高管人员更注重创新、流程和持续改进。李四海和陈旋（2014）发现具有技术背景的企业家更能看清市场对某项技术的需求，从而认识到创新带给企业长期发展的益处。该变量采用哑变量表示，如果企业负责人兼具企业技术负责人则为1；否则为0。

（5）行业（ind）。科技型中小企业所属行业不同，创新差异较大。该变量为哑变量，定义同第四章。

（二）模型设定

根据上述财税政策对创新绩效影响的理论分析，提出了本章研究假设。为了检验这些假设是否成立，在借鉴已有文献研究的基础上，构建如下多元线性回归模型。

$$innp_i = \beta_0 + \beta_1 dgov_i + \beta_2 dtax_i + \beta_3 lev_i + \beta_4 lnsize_i + \beta_5 age_i$$
$$+ \beta_6 dul_i + ind + \varepsilon_i \tag{5.13}$$

$$innp_i = \beta_0 + \beta_1 gov_i + \beta_2 tax_i + \beta_3 lev_i + \beta_4 lnsize_i + \beta_5 age_i$$
$$+ \beta_6 dul_i + ind + \varepsilon_i \tag{5.14}$$

其中，innp 为创新绩效，是通过式（5.11）计算得到的因子综合得分值。本章以总样本、产权性质分组样本以及生命周期分组样本进行主回归时运用模型（5.13）检验财税政策对科技型中小企业创新绩效的影响；在稳健性检验中运用模型（5.14）进行回归。

二、描述性统计与相关性分析

（一）描述性统计与分析

1. 科技型中小企业的创新现状分析。根据调查数据统计分析科技型中小企业创新现状，其中创新投入指标分别按 1% 以下、1%～5%、5%～10%、10% 以上划分四个区间，创新产出指标中专利申请数和发明专利申请数，分别根据调查获得的原始数划分为 0、1～5、6～10、10 以上四个区间。表 5.6 列出了有效样本的创新情况。

表 5.6　　　　　　　　　　有效样本的创新情况统计

指标	分类	样本数（家）	占比（％）	指标	分类	样本数（家）	占比（％）
内部研发投入强度	1％以下	195	24.16	组织创新	0	300	37.17
	1％~5％	245	30.36		1	507	62.83
	5％~10％	135	16.73	营销创新	0	280	34.70
	10％以上	232	28.75		1	527	65.30
科技人员经费投入强度	1％以下	306	37.92	专利申请数	0	461	57.13
	1％~5％	267	33.09		1~5项	219	27.14
	5％~10％	107	13.26		6~10项	61	7.56
	10％以上	127	15.74		10项以上	66	8.17
产品创新	0	272	33.71	发明专利申请数	0	571	70.75
	1	535	66.29		1~5项	183	22.68
工艺创新	0	346	42.87		6~10项	30	3.72
	1	461	57.13		10项以上	19	2.35

注：财政政策、税收政策以及产品创新、工艺创新、组织创新、营销创新的分类中"1"表示享受了政策或有创新，"0"表示没有。

根据表 5.6 中数据分析创新投入情况，科技型中小企业资金创新投入比例不高。不论是内部研发投入强度，还是科技人员经费投入强度在 5％ 以下的企业占比都超过 50％，1％ 以下的企业占比分别为 24.16％ 和 37.92％。本次还调查了外部委托研发投入情况，分析表明外部委托研发投入强度在 1％ 以下的企业占比为 90.83％，说明科技型中小企业较少依赖外部委托研发获得创新发展，主要依赖自主创新，但科技型中小企业研发投入严重不足。

根据专利申请和发明专利申请分析科技型中小企业的创新产出情况。2014 年有效样本中没有专利申请的企业占 57.13％，没有发明专利申请的企业占 70.75％，这可能与企业成长阶段有关。据有效样本描述性统计发现，本次调查获得有效样本大多处于初创期和成长期，而成熟期的企业较少。初创期的企业由于初入市场，创新重点在新产品和市场开拓上，该阶段重在成果转化，而没有时间和资金花费在研发投入与成果申请上，所以表 5.6 统计的结果显示，科技型中小企业创新投入以及创新成果产出方面都有待加强。

根据表 5.6 中数据分析科技型中小企业的创新转化情况。有效样本中从事产品创新和工艺创新的企业占比分别为 66.29% 和 57.13%，从事组织创新和营销创新的企业占比分别为 62.83% 和 65.30%。这也进一步说明科技型中小企业比较注重创新应用以及管理创新，且和上面分析的成长阶段特点是吻合的。处于前期阶段的科技型中小企业当前重要目标是生存和发展，由于企业规模小、较为年轻，而创新投入不仅需要大量资金，短期内也无法体现经济收益，因此，倾向于见效快的创新转化。

科技型中小企业创新投入少、创新产出能力有待提高的现象可能与政策支持情况有关。根据在第四章中获得财税政策情况统计可知，虽然整体有效样本中获得财税政策支持企业所占比例不高，但是初创期企业和成长期企业获得财税政策支持更少。然后进一步调查了没有享受税收减免政策的原因，其中对研发加计扣除政策调查显示，"不知道该政策"的有180个样本，393个样本不具备享受该政策的资格，这两个原因占去了有效样本的 70.92%。同样，在对高新技术企业所得税减免政策的调查中，"不知道该政策"和"不具备享受该政策的资格"两项合计样本数为596家，占比为 73.76%。虽然财税政策对财政资源配置以及市场资金引导具有重要作用，但是如果大多数企业没有享受到，也会影响政策效果。

2. 创新绩效变量的描述性统计与分析。根据上述式（5.7）~式（5.10），计算创新投入、创新产出、创新转化以及创新业绩四个因子，并根据这四个因子，利用式（5.11）计算得到综合因子值即企业创新绩效。由于创新投入、创新产出、创新转化和创新业绩均是越大（或者越多）越好，因此最后计算得到的综合因子值即企业创新绩效越大，表示企业创新绩效越好。创新绩效指标体系中各因子以及综合因子的描述性统计如表5.7 所示。

表 5.7　　创新绩效指标体系中各因子以及综合因子描述性统计

变量	样本	均值	中位数	变量	样本	均值	中位数	均值 T 检验	中位数 Z 检验
创新投入	初创期	6.2574	6.3426	创新投入	总样本	7.8610	7.9219	6.1883 *** (0.000)	5.722 *** (0.000)
	成长期	8.5247	8.5195		非国有	7.7189	7.7710		
	成熟期	9.8016	9.7584		国有	10.2696	10.1240		

续表

变量	样本	均值	中位数	变量	样本	均值	中位数	均值 T 检验	中位数 Z 检验
创新产出	初创期	1.3923	1.0590	创新产出	总样本	1.8936	1.4453	4.8531 *** (0.000)	3.948 *** (0.001)
	成长期	2.1890	1.8022		非国有	1.8425	1.4102		
	成熟期	2.3374	1.7739		国有	2.7606	2.1066		
创新转化	初创期	1.5968	1.6403	创新转化	总样本	1.9321	2.0697	4.2196 *** (0.000)	4.092 *** (0.000)
	成长期	2.0871	2.2329		非国有	1.9022	2.0360		
	成熟期	2.2998	2.4161		国有	2.4398	2.5383		
创新业绩	初创期	0.1165	0.1197	创新业绩	总样本	0.1525	0.1373	0.2586 (0.3980)	0.184 (0.854)
	成长期	0.1568	0.1432		非国有	0.1518	0.1373		
	成熟期	0.2132	0.1644		国有	0.1647	0.1346		
创新绩效	初创期	18.3923	18.2370	创新绩效	总样本	23.2049	22.8591	6.4272 *** (0.000)	5.516 *** (0.000)
	成长期	25.3706	24.9730		非国有	22.7697	22.5101		
	成熟期	28.6853	27.7934		国有	30.5833	28.4955		

注：*** 表示在 1% 水平上显著。

资料来源：笔者根据调查数据统计计算获得。

由表 5.7 中描述性统计的结果可见，创新绩效综合值在有效样本中均值大于中位数，存在右偏分布，也就是说企业创新绩效受极大值影响使得均值比中位数大，这也说明有效样本中存在创新绩效特别好的样本。从各因子统计来看，创新产出、创新业绩指标的均值明显大于中位数，呈现右偏分布，表明样本中存在专利申请数和企业经营业绩表现优秀的科技型中小企业，拉高了样本均值。而创新投入和创新转化的均值小于中位数，表明样本中有些企业创新投入和创新转化表现较差，创新投入与创新转化受极小值的影响，显现左偏分布。

从产权性质分样本看科技型中小企业创新绩效变量。在创新投入、创新产出、创新转化三个因子中国有企业样本和非国有企业样本的均值与中位数均在 1% 水平上显著。这说明国有企业样本和非国有企业样本在研发投入强度、专利申请以及产品创新、工艺创新等方面均存在较大差异，且国有企业明显高于非国有企业。而对于创新业绩指标则两组样本差异不大，从原始数据中获得创新业绩中销售利润率和资产利润率分别为 2.77% 和 8.26%，其中，销售利润率中亏损和不盈利的样本共有 183 家，占有效样本的 22.68%。由此可见，科技型中小企业的经营业绩不高，这与企业规模小、大多企业处于生命周期早期阶段有关。

从生命周期分组样本看科技型中小企业创新绩效变量。从创新投入、创新产出、创新转化以及创新业绩来看，初创期企业均值最小，而成熟期企业均值最大。然后从创新绩效综合值来看，初创期、成长期和成熟期企业的值依次为 18.3923、25.3706 和 28.6853，成熟期企业的创新绩效综合值最高，而初创期企业最低。由此可见，在科技型中小企业生命周期不同阶段，企业的创新差异较大，生命周期后期阶段的企业创新绩效好。

（二）相关性系数检验

回归分析之前，先要确定变量之间是否存在相关性，如果存在相关性，那么它们之间是什么关系，以及强度如何？为此，要进行变量相关系数分析，相关系数是反映变量之间关系密切程度的统计量。一般采用 spearman 和 person 两种方法进行计算。表 5.8 为变量相关系数结果，其中上三角为 person 相关系数，下三角为 spearman 相关系数。

首先，分析财税政策变量与创新绩效变量之间的关系。在表 5.8 中没有控制其他因素的情况下，不论是 spearman 检验，还是 person 检验，财税政策不论是采用哑变量还是连续值，与企业创新绩效均在 1% 水平上显著正相关，因此，可以初步判断财税政策对企业创新绩效具有正向激励作用。

其次，分析控制变量与创新绩效的关系。控制变量与创新绩效的相关性方向和程度在 spearman 检验与 person 检验中一致。除了负责人是否兼职技术负责人变量与创新绩效的相关性不显著外，资产负债率、企业规模、成立年限均在 1% 水平上与创新绩效正相关。由此可见，企业在发展过程中，伴随规模的扩大，企业年龄的增长，企业会更加倾向于创新活动。从上面两种相关系数计算的结果可见，只有企业规模与创新绩效的 spearman 系数为 0.6086，person 系数为 0.6269，其他控制变量间相关系数基本都低于 0.3，因此可以判断变量间不存在严格的多重共线性。

表5.8

变量相关系数分析

变量	imp	tax	gov	dgov	dtax	lev	lnsize	age	dul
imp	1.000	0.3213***	0.2620***	0.1965***	0.2411***	0.1457***	0.6269***	0.2807***	0.0180
tax	0.2348***	1.000	0.0734**	0.0703**	0.8898***	0.0602*	0.2300***	0.1288***	-0.0390
gov	0.2161***	0.0778**	1.000	0.9295***	0.0791**	0.0131	0.2012***	0.1292***	0.0018
dgov	0.1943***	0.0809**	0.9931***	1.000	0.0929***	-0.0095	0.1324***	0.0977***	-0.0022
dtax	0.2101***	0.9771***	0.0888**	0.0929***	1.000	0.0117	0.1499***	0.0766**	-0.0250
lev	0.1521***	0.0243***	0.0152	0.0078	0.0118**	1.000	0.2445***	0.1906***	-0.0319
lnsize	0.6086***	0.1637***	0.1724***	0.1498***	0.1405***	0.2360***	1.0000	0.3678***	-0.0791**
age	0.2695***	0.1038***	0.1093***	0.0995***	0.0885**	0.1905***	0.3690***	1.000	0.0437
dul	0.0126	-0.0214	0.0016	-0.0022	-0.0250	-0.0258	-0.0886**	0.0404	1.000

注：***、**、*分别表示在1%、5%、10%水平上显著。

三、财税政策对科技型中小企业创新绩效影响的回归分析

以通过式（5.11）计算得到的创新绩效为被解释变量，以财政政策、税收政策为解释变量，检验财税政策对企业创新绩效的影响。运用 Stata 软件，采用最小二乘＋稳健标准差法对模型（5.12）进行回归分析，其结果如表5.9 所示。

表5.9　　　　　　　　　　财税政策与创新绩效回归结果

innp	有效样本	非国有企业	国有企业	初创期	成长期	成熟期
dgov	2.1543 ***	2.0719 ***	0.2255	1.9974 **	2.3652 ***	1.4929
	(0.000)	(0.000)	(0.927)	(0.030)	(0.002)	(0.300)
dtax	2.8268 ***	2.4659 ***	4.1006 *	1.5864	2.7480 ***	3.3675 ***
	(0.000)	(0.000)	(0.084)	(0.108)	(0.006)	(0.008)
lev	0.2625	0.3841	−3.9032	0.6125	0.3435	−1.6060
	(0.723)	(0.609)	(0.250)	(0.553)	(0.772)	(0.333)
lnsize	2.2172 ***	2.1757 ***	2.5163 ***	1.7191	2.0084	1.6937
	(0.000)	(0.000)	(0.000)	(0.000)	(0.000)	(0.000)
age	0.6152 *	0.5212	1.2991	−0.0606	0.0935	1.0205
	(0.052)	(0.103)	(0.431)	(0.884)	(0.858)	(0.270)
dul	0.7046	0.4836	4.8829 **	0.5565	1.2019	−0.1557
	(0.108)	(0.278)	(0.048)	(0.367)	(0.090)	(0.890)
con	−0.3130	0.2605	−0.9585	3.4180	3.0852	7.8006
	(0.765)	(0.807)	(0.895)	(0.015)	(0.348)	(0.070)
ind	控制	控制	控制	控制	控制	控制
n	807	741	66	329	308	170
R^2	0.4629	0.4436	0.5394	0.3184	0.2987	0.3556

注：***、**、*分别表示在1%、5%、10%水平上显著，括号内数值表示对应系数的 p 值。

（一）财税政策对企业创新绩效影响的激励效应分析

由表5.9可见，财政政策和税收政策与企业创新绩效均在 1% 水平上显

著正相关，这表明财政政策和税收政策对企业创新绩效具有显著的激励作用。从回归系数来看，财政政策系数为 2.1543，而税收政策系数为 2.8268，表明税收政策对科技型中小企业创新绩效的影响大于财政政策。假设 5 – 1 得到了支持。

然后分析控制变量对创新绩效的影响。资产负债率与创新绩效正相关，但不显著，说明企业负债越多，越有利于企业创新绩效的提升。该结果与以上市公司为对象进行研究的结论不一致，这也表明科技型中小企业资产负债率低的事实。也就是说，如果科技型中小企业能够获得外部债务融资，企业的资产负债率增加，则有利于企业创新绩效的提升。企业规模、企业年龄与创新绩效正相关，表明企业规模越大，成立时间越长，企业经营经验越丰富，承担风险的能力也就越强，有利于企业创新绩效的提升。负责人兼职技术负责人的企业更注重技术创新，对企业创新绩效具有促进作用，但效果不显著。

（二）产权性质对财税政策影响创新绩效的调节效应分析

从表 5.9 结果来看，非国有企业样本中财政政策和税收政策与创新绩效均在 1% 水平上显著，而国有企业样本中税收政策与创新绩效在 10% 水平上正相关，财政政策与创新绩效正相关，但不显著。因此，相对于国有企业，非国有企业获得财政政策或税收政策支持，对企业创新绩效影响更大，假设 5 – 2 得到支持。然后，从控制变量看两组样本的差异，非国有企业样本的资产负债率与创新绩效正相关，而国有企业的该指标与创新绩效负相关，这说明非国有企业资产负债率越高，企业创新绩效越好，而国有企业却恰恰相反。虽然一般来说，资产负债率提高会增加企业风险，不利于企业创新，但是对于非国有企业来说，其面临严重的融资约束，资产负债率较低，如果能够提高企业资产负债率，有利于企业创新绩效。对于负责人是否兼职技术负责人变量，两组样本回归结果不一样，非国有企业正相关但不显著，而国有企业正相关且显著。国有企业与非国有企业在财税政策对创新绩效的影响，以及控制变量对创新绩效的影响均存在差异，因此表明产权性质具有调节效应。

（三） 生命周期对财税政策影响创新绩效的调节效应分析

初创期企业中财政政策与创新绩效在 5% 水平上显著正相关，而税收政策正相关但不显著。这表明财政政策对初创期企业创新绩效影响较大，而税收政策影响较小。这个结果与初创期企业的经营状况有关，初创期企业中有 114 家的销售净利润亏损或为 0，而这次调查的税收优惠政策主要是以抵扣或减免所得税为主，在初创期企业多数没有利润的情况下，这些税收政策根本用不到，因此结果不显著。而财政政策支持对初创期科技型中小企业意义较大，因为初创期企业经营期短、规模小，政府资助对初创期企业从事创新活动推动效果显著，能够显著提升企业创新绩效。

成长期企业的财政政策和税收政策与创新绩效均在 1% 水平上显著正相关，表明财政政策和税收政策对成长期科技型中小企业的创新绩效提升有显著的促进作用。这个结果和成长期阶段的企业特点有关，成长期企业是销售收入在 500 万元以上的企业，具有一定的经营经验，也具有一定市场份额，正处在快速成长阶段。税收政策优惠减轻了成长期企业的税负，财政政策支持对成长期企业起到质量认证作用，有利于提高企业信誉。

成熟期企业的税收政策与创新绩效在 1% 水平上显著正相关，而财政政策与创新绩效正相关但不显著，表明成熟期科技型中小企业获得税收政策支持能够促进企业创新绩效提升。成熟期科技型中小企业是销售收入在 5 000 万元以上的企业，已经拥有了一定的市场影响力，主导产品和生产技术较为成熟。然后，从该销售净利润和资产利润率两个指标来看，成熟期企业共有 170 家，资产利润率小于等于 0 的只有 15 家，由此可见，成熟期科技型中小企业的销售收入多，经营业绩较好，因此税收政策特别是所得税优惠具有较大影响。而财政政策主要方式是政府资助，虽然对企业创新绩效起到引导和激励的作用，但是成熟期企业已经具有一定的财力、物力和风险承担能力，无论有没有政策的支持，其发展均会按照自己战略规划进行，因此政策效果不明显。

三组样本中财政政策和税收政策对创新绩效影响存在较大差别，从而表明生命周期对财税政策与创新绩效具有调节效应。从表 5.9 中三组样本影响系数来看，财政政策对初创期企业影响系数为 1.9974，对成长期企业影响系数为 2.3652，对成熟期企业影响系数为 1.4929。而税收政策在初创期、成长期、成熟期三组样本中的影响系数依次为 1.5864、2.7480 和 3.3675。由此可见，财政政策对生命周期早期阶段企业影响大，而税收政策对生命周期后期阶段企业影响大，即假设 5-3 成立。

四、稳健性检验

表 5.9 中采用 OLS + 稳健标准差法，以财税政策哑变量为解释变量检验财税政策对科技型中小企业创新绩效的影响。为了进一步检验上述分析结果是否具有稳健性，采用财税政策支持资金额的对数为解释变量，即分析财税政策支持强度对科技型中小企业创新绩效的影响。运用 Stata12.0，采用 OLS + 稳健标准差进行回归，同样控制了企业规模、企业年龄、负责人是否兼职技术负责人以及行业，其回归结果摘要如表 5.10 所示。

表 5.10　　　　　　　　**财税政策对创新绩效影响的回归结果摘要**

样本		gov	tax	n	R^2
有效样本	innp	0.4831 *** (0.000)	0.7222 *** (0.000)	807	0.4782
国有企业	innp	0.6664 (0.126)	0.0921 (0.819)	45	0.5368
非国有企业	innp	0.4790 *** (0.000)	0.6560 *** (0.004)	762	0.4579
初创期	innp	0.5729 *** (0.000)	0.5124 * (0.097)	329	0.3287
成长期	innp	0.4803 *** (0.001)	0.6251 *** (0.004)	308	0.3131
成熟期	innp	0.4187 ** (0.047)	0.7012 *** (0.000)	170	0.3845

注：*** 、** 、* 分别表示在 1%、5%、10% 水平上显著，括号内数值表示对应系数的 p 值。

　　表5.10中总样本回归结果显示，财政政策、税收政策与创新绩效在1%水平上显著，表明财税政策对科技型中小企业创新绩效具有促进作用，再一次支持假设5-1。然后从产权性质分样本来看，财政政策和税收政策与非国有产权性质的科技型中小企业创新绩效均在1%水平上显著正相关，而国有企业样本中，财政政策与税收政策与国有企业创新绩效正相关但不显著，再次表明产权性质对财税政策与创新绩效具有调节效应，非国有企业获得财税政策支持对创新绩效影响较大，支持假设5-2。

　　从生命周期分样本来看，财政政策对初创期科技型中小企业创新绩效的影响系数为0.5729，且在1%水平上显著，对成长期企业创新绩效的影响系数为0.4803，在1%水平上显著；对成熟期企业创新绩效的影响系数为0.4187，在5%水平上显著，可见财政政策对初创期科技型中小企业创新绩效影响最大。税收政策对初创期企业创新绩效的影响系数为0.5124，且在10%水平上显著；对成长期企业创新绩效的影响系数为0.6251，且在1%水平上显著；对成熟期企业创新绩效的影响系数为0.7021，且在1%水平上显著，可见税收政策对成熟期科技型中小企业影响最大。从财税政策对三个阶段企业的创新绩效影响系数来看，三组样本存在较大差异，即生命周期对财税政策与创新绩效有调节效应。财政政策对生命周期早期阶段的企业影响较大，而税收政策对生命周期后期阶段的企业影响较大，这个结果和表5.9的回归结果基本一致，财税政策对创新绩效影响的相关结论是比较稳健的。

本章小结

　　通过理论分析财税政策对科技型中小企业创新绩效的影响，提出本章研究假设。在选取和构建创新绩效指标体系的基础上，根据问卷调查数据统计分析了科技型中小企业创新现状，并采用主成分分析法综合计算创新绩效变量。然后通过实证分析检验本章研究假设，主要研究内容和结论如下。

（一）财税政策对创新绩效影响的理论分析

通过不完全信息动态博弈分析了政府与企业行为的相机选择，在政府政策支持下企业会选择创新行为。根据激励性规制理论分析表明财税政策对科技型中小企业创新绩效有促进作用，提出本章假设 5-1；然后根据俘获理论分析产权性质对财税政策影响创新绩效的调节效应，提出本章假设 5-2；科技型中小企业所处生命周期不同，其创新特点存在较大差异，对财政政策和税收政策的需求也不一样，因此生命周期对财税政策影响创新绩效具有调节效应，提出本章假设 5-3。

（二）科技型中小企业创新现状分析

本章根据调查数据，按照构建的创新绩效指标统计分析了科技型中小企业的创新现状，发现科技型中小企业研发投入低、创新成果产出少，比较注重产品创新、工艺创新、组织创新和营销创新。这种现象在非国有企业和初创期科技型中小企业中较为突出。

（三）财税政策对创新绩效影响的实证分析

在回归分析前先对创新绩效变量进行描述性统计，并通过 spearman 检验与 person 检验进行相关性分析。通过创新绩效描述性统计发现，国有企业与非国有企业两组样本在创新绩效方面存在显著差异，国有企业创新绩效较好。相关性分析表明不存在多重共线性。从财税政策对科技型中小企业创新绩效影响的回归分析发现，财政政策和税收政策对科技型中小企业创新绩效有显著的促进作用；产权性质对财税政策影响创新绩效有调节效应，相对于国有企业，非国有的科技型中小企业获得财税政策支持对创新绩效影响更大；生命周期对财税政策影响创新绩效有调节效应，财政政策对生命周期早期阶段企业影响较大，而税收政策对生命周期后期阶段企业影响较大。

| 第六章 |

外部融资对财税政策影响创新绩效的中介效应研究

　　关于财政政策和税收政策对创新绩效影响的研究取得了丰富的成果，然而关于财税政策对创新绩效作用机理研究的文献较少。本书第四章关于财税政策对外部融资影响的理论分析和实证检验，表明财税政策能够作为一个信号传递给外部资金供给者，从而提升科技型中小企业外部融资能力。第五章研究表明财税政策对科技型中小企业创新绩效具有积极作用。那么外部融资是否能够提升科技型中小企业创新绩效？财税政策在影响科技型中小企业创新绩效过程中是如何运行的，即外部融资是否具有中介效应？本章理论分析外部融资对创新绩效的影响，以及外部融资在财税政策与创新绩效中的中介效应，并据此提出研究假设；然后根据调查数据对研究假设进行实证检验。

　　科技型中小企业的资产专用性较高，通常选择具有股权融资性质的风险资本（Willamsons，1996），然而，由于国内股票交易市场的限制，风险投资缺乏可行的退出机制，使得所谓的风险投资演变为实业投资，即倾向于投资较成熟的企业和技术（施祖麟和韩岱峰，2000）。因此，在我国目前的制度背景和金融结构体系下，科技型中小企业外部融资以债务融资为主。为此，本章以外部债务融资为外部融资替代变量进行理论分析和实证检验。

第一节　外部融资对财税政策影响创新绩效的中介效应理论分析

一、外部融资对科技型中小企业创新绩效的影响分析

债务融资不仅满足企业资金需求，也具有降低融资成本的作用。MM 理论认为企业负债融资具有抵税效应，能够提升企业价值，因此，如果科技型中小企业能够获得债务融资，仅从融资成本和资本投入的角度考虑，无疑债务融资具有明显的激励企业家努力的优势（Bettignies，2007），会促进企业技术创新投入（Aghion and Bolton，1992）。虽然有些文献认为高负债会使经营者面临较大的盈利压力和债权人到期追债而导致财务风险，在市场产品战略定位中会选择更加保守的投资决策，而不选择创新投资。但是这些研究的前提是企业有较多的融资渠道，负债融资可以通过权益融资方式来替代，即企业没有融资约束问题。而对于科技型中小企业来说，权益融资受到限制，还存在信贷配给现象，融资较为困难。从调查数据可知，科技型中小企业的资产负债率低于上市公司，且非国有企业的资产负债率更低。因此科技型中小企业资金需求与资金供给存在严重不均衡，这决定了科技型中小企业债务融资对创新绩效的影响与上市公司不同。熊彼特提出，银行为最具有新产品开发能力的企业提供资金，对于技术创新和经济增长有着至关重要的作用。我国学者关于外部融资与企业创新绩效的研究，也得到了正向影响的结论。王珍义（2011）以中小板上市公司为研究对象，通过因子分析法计算企业创新绩效，以公司获得的短期银行贷款和长期银行贷款的合计数为外部融资变量，研究表明外部债务融资有利于企业创新绩效的提升。周方召（2014）以上市公司为研究对象，以企业债务融资率代表外部融资规模，实证分析外部融资对企业创新决策的影响，结果表明科技型中小企业获得外部融资越多，其创新绩效就越好。综上，在我国当前权益融资较为困难的情况下，科技型

中小企业的外部融资来源主要依赖债务融资，外部债务融资对企业创新绩效具有积极的影响。

债务融资不仅是一种融资方式，也是一种治理手段。委托代理理论认为，管理者代表股东有动机将信贷资金投资于对股东有利的项目，从而使得股东收益最大化，债权人却会承担损失。因此，债权人为了减少这种代理问题，除了在债务契约中规定限制性条款外，还会监督其提供信贷资金的投放以及运营。已有文献研究表明负债融资对企业存在监督作用，阿查里亚（Acharya，2011）发现债权人监督力度越大的地方，企业管理者的自利行为越少。债务资金的存在，一方面会使企业有还本付息的压力，在创新项目投资运营之前会进行充分的可行性论证，从而会提高创新项目的成功率；另一方面会约束管理者对自由资金的滥用，从而减少盲目投资或过渡投资的行为，提高投资效率（胡奕明和谢诗蕾，2005；刘督和万迪昉，2015）。李辉和马悦（2009）基于1999~2006年高新技术产业的年度数据分析了不同融资来源对企业创新绩效的影响，研究表明金融机构贷款相对于企业自筹经费和政府资金投入对创新绩效具有更显著作用，其原因可能是由于贷款具有硬性约束，面对金融机构的监督，企业会更加关注研发的成果。因此基于上述企业债务融资的成本效益和监督效应的阐述，企业获得债务融资可能有利于企业创新投入、创新产出以及创新成果转化等。据此，提出本章如下假设。

假设6-1：外部融资对科技型中小企业创新绩效具有促进作用。

二、外部融资对财税政策影响创新绩效的中介效应分析

政府给予科技型中小企业财税政策支持的初衷是希望企业通过创新推动发展，但是由于政府与科技型中小企业信息不对称，企业在以利润最大化为经营目标的情况下很有可能将财税政策支持资金用于与创新发展无关的其他投资项目上，而政府监督的不足则会使财税政策无效（汪秋明，2014）。外部融资对科技型中小企业的监督作用有助于财税政策提升企业创新绩效。詹森（1986）和史塔兹（Stulz，1990）认为，负债可以在一定程度上缓解由于

信息不对称产生的代理问题。原因是金融机构贷款不仅需要贷款前审核还要贷款后监督，即负债融资具有事前监督和事后监督的功能。事前监督是指金融机构会对申请贷款的科技型中小企业的财务状况、经营状况以及拟投资项目的可行性进行考核，从而决定是否提供贷款以及贷款金额（陈骏，2010）。另外，当企业具有偿债能力时，债权人的收益能够得到保障（龙勇，2010），而当企业经营失败时，债权人的本息可能无法安全收回，因此在金融机构决定给科技型中小企业提供贷款时，一般会签订带有限制性条款的债务契约，如限制高管的奖金支付、限制企业再贷款等。而事后监督则是金融机构最重要的活动之一（平新桥和杨慕云，2009），在签约信贷合同后，银行需要考察信贷资金投向以及使用情况，一旦发现企业违反契约约定，将及时收回贷款；在企业无法按期归还贷款时，金融机构可以申请破产清算或债务重组，以维护自身权益。因此，外部债务监督是政府监督不足的有力补充，对财税政策支持的创新项目实施起到促进作用。

科技型中小企业创新投资需要大量的、持续的资金投入，而创新投资的不确定性使得创新融资困难，因此政府通过财税政策调控社会资源配置，缓解科技型中小企业融资问题具有重要意义。一方面通过税收优惠或补贴降低创新投入成本，另一方面通过财政资助资金推动企业创新项目的实施。但是财税政策支持资金相对于创新项目资金需求只是杯水车薪，更重要的是需要财税政策起到认证作用。第四章的理论分析和实证检验表明科技型中小企业获得财税政策支持具有促进外部融资的效果，即财税政策对企业外部融资起到了杠杆作用。因此从科技型中小企业因资金不足而抑制创新发展的角度来看，利用财税政策的信号效应，提高了科技型中小企业外部融资能力，有利于创新投资实施，从而提升企业创新绩效。另外，获得财税政策支持的企业以此为据申请金融机构贷款，这样财税政策支持的项目与贷款资金的用途是一致的。由此可见，财税政策支持不仅对科技型中小企业创新绩效起到推动作用，而且财税政策通过外部融资间接影响企业创新绩效，即外部融资在财税政策与创新绩效间应该具有中介效应。综上所述，提出本章如下假设。

假设 6 - 2：外部融资对财政政策影响科技型中小企业创新绩效具有中介效应。

假设 6 - 3：外部融资对税收政策影响科技型中小企业创新绩效具有中介效应。

第二节　外部融资对财税政策影响创新绩效的中介效应实证分析

一、变量定义和模型设定

（一）变量定义

本章研究内容是在第四章和第五章基础上，进一步分析外部融资对科技型中小企业创新绩效的影响，以及外部融资的中介效应。因此在实证分析中有些变量仍然采用第四章和第五章中的定义，具体变量定义如下。

1. 被解释变量：创新绩效。该变量采用第五章中通过主成分分析法计算得到的创新绩效综合值来衡量。

2. 解释变量：财税政策。财税政策可分为财政政策和税收政策，因此该变量可分为财政政策变量和税收政策变量。本章主要分析科技型中小企业享受财税政策对创新绩效影响的作用机理，而与企业享受财税政策的强度关系不大。为此，该变量采用第四章中以哑变量方式测度的财税政策进行衡量。

3. 中介变量：外部融资。根据第四章中外部融资变量的测度，考虑到外部融资总额虽然可以衡量企业总体的融资能力，但可能受过去一些因素的影响较多，不能很好地体现本期政策因素。因此，本章采用本期外部债务融资增加额表示外部融资变量。

4. 控制变量。在借鉴已有文献研究基础上，根据第四章和第五章研究，发现企业规模对科技型中小企业外部融资和创新绩效均具有显著的正向影响，表明企业规模越大，企业外部融资能力越强，越有利于创新绩效的提升；企业年龄对科技型中小企业外部融资和创新绩效也具有显著的正向影响，表明企业成立时间越长，越有利于获得外部融资，提升创新绩效；虽然第五章实证分析结果显示资产负债率对创新绩效的影响不显著，但是已有文献研究认为资产负债率反映了企业资本结构，对企业战略决策具有重要影响；第四章和第五章实证检验结果表明无论是对外部融资，还是对企业创新绩效，国有企业和非国有企业两组样本中财税政策影响效果存在显著差异，因此产权性质对财税政策影响外部融资和创新绩效具有调节作用；同样，根据第四章和第五章研究发现生命周期不同阶段在财税政策对科技型中小企业外部融资和创新绩效的影响中具有显著的调节作用。为此，本章为了检验外部融资在财税政策与创新绩效之间的中介效应，对上述的企业规模、企业年龄、资产负债率、产权性质、生命周期、行业进行控制。变量具体定义如表6.1所示。

表 6.1　　　　　　　　　　　　　变量定义

分类	变量名称	变量符号	变量定义
被解释变量	创新绩效	innp	采用第五章测度方法衡量
解释变量	税收政策	dtax	享受了税收政策为1；否则为0
	财政政策	dgov	享受了财政政策为1；否则为0
中介变量	本期外部债务融资增加额	$\Delta debt$	（周转资金贷款额 + 打包贷款额 + 专利权质押贷款额）取对数
控制变量	企业规模	lnSize	期末资产对数
	企业年龄	age	采用2014减去成立年份加1计算，并取对数
	资产负债率	Lev	负债总额/资产总额
	产权性质	state	国有产权性质企业为1；非国有产权性质企业为0
	生命周期	Lcy	如果企业处于该生命周期阶段则为1；否则为0
	行业	ind	如果企业处于该行业则为1；否则为0

（二）模型设定

为了检验外部融资对创新绩效的影响，以及外部融资在财税政策与创新绩效之间的中介效应。本章在借鉴已有模型的基础上，构建了下列多元线性模型。

$$\text{innp}_i = \beta_0 + \beta_1 \Delta\text{debt}_i + \beta_2 \text{lev}_i + \beta_3 \text{lnsize}_i + \beta_4 \text{age}_i + \text{state}_i$$
$$+ \text{lcy}_i + \text{ind}_i + \varepsilon_i \tag{6.1}$$

$$\text{innp}_i = \beta_0 + \beta_1 \Delta\text{debt}_i + \beta_2 \text{dgov}_i + \beta_3 \text{dtax}_i + \beta_4 \text{lev}_i + \beta_5 \text{lnsize}_i + \beta_6 \text{age}_i$$
$$+ \text{state}_i + \text{lcy}_i + \text{ind}_i + \varepsilon_i \tag{6.2}$$

$$\Delta\text{debt}_i = \beta_0 + \beta_1 \text{dgov}_i(\text{或 dtax}_i) + \beta_2 \text{lev}_i + \beta_3 \text{lnsize}_i + \beta_4 \text{age}_i + \text{state}_i$$
$$+ \text{lcy}_i + \text{ind} + \varepsilon_i \tag{6.3}$$

$$\text{innp}_i = \beta_0 + \beta_1 \text{dgov}_i(\text{或 dtax}_i) + \beta_2 \text{lev}_i + \beta_3 \text{lnsize}_i + \beta_4 \text{age}_i + \text{state}_i$$
$$+ \text{lcy}_i + \text{ind}_i + \varepsilon_i \tag{6.4}$$

$$\text{innp}_i = \beta_0 + \beta_1 \text{dgov}_i(\text{或 dtax}_i) + \beta_2 \Delta\text{debt}_i + \beta_3 \text{lev}_i + \beta_4 \text{lnsize}_i$$
$$+ \beta_5 \text{age}_i + \text{state}_i + \text{lcy}_i + \text{ind} + \varepsilon_i \tag{6.5}$$

其中，模型（6.1）和模型（6.2）分别是不考虑财税政策因素和考虑财税政策因素下外部融资对创新绩效影响的回归模型，用来检验假设6-1；模型（6.3）、模型（6.4）和模型（6.5）是按照逐步检验法分析外部融资中介效应的回归模型，用来检验假设6-2和假设6-3。

二、变量描述性统计

本书在第四章和第五章中对外部融资、创新绩效、财税政策等变量进行了描述性统计分析和变量相关系数检验，且对主要变量进行产权性质和生命周期差异比较。为此，本章不再重复上述变量的描述性统计和相关系数检验分析。为了进一步考察享受财税政策的企业与没有享受财税政策的企业在外部融资和创新绩效上的差异，将有效样本分为享受财税政策与没有享受财税政策两组，并对这两组样本的创新绩效和外部融资进行均值统计与差异检验，结果如表6.2所示。

表 6.2　　　　　　　　　　　　**分组样本均值统计与检验**

均值	享受财税政策	没有享受财税政策	均值 T 检验
Innp 均值	26.8492	21.6062	8.8865 *** (0.000)
Δdebt 均值	2.2288	0.6548	7.8609 *** (0.000)

注：*** 表示在 1% 水平上显著，括号内数值表示对应系数的 p 值。

由表6.2可见，无论是创新绩效均值还是本期外部债务融资增加额均值，在享受财税政策和没有享受财税政策两组样本中均在 1% 水平上存在显著差异。这个结果表明享受财税政策企业的创新绩效均值和外部融资均值显著大于没有享受财税政策的企业。那么这种差异除了受企业规模、资产负债率、企业年龄等因素影响外，财税政策应该是导致这种差异产生的重要因素之一。因为第四章的实证分析表明财政政策变量和税收政策变量对本期外部债务融资增加额均具有显著的影响，第五章实证分析表明财政政策和税收政策与创新绩效均在 1% 水平上显著，即财税政策对企业创新绩效提升具有显著的作用。

三、外部融资对创新绩效影响的回归分析

以第五章测度的创新绩效为被解释变量，以本期外部债务融资增加额为主要解释变量，由于财税政策是本书中重要的变量之一，因此在控制和不控制财税政策变量情况下分别检验外部融资对科技型中小企业创新绩效的影响。运用 Stata 软件，采用最小二乘 + 稳健标准差法进行回归分析，其结果如表6.3所示。

表 6. 3　　　　　　　　　　　**外部融资与创新绩效的回归结果**

被解释变量：创新绩效		
Δdebt	0. 3519 ***	0. 2652 ***
	(0. 000)	(0. 002)
dgov		1. 3868 **
		(0. 014)
dtax		2. 4076 ***
		(0. 000)
Lev	− 0. 7919	− 0. 5414
	(0. 262)	(0. 444)
lnsize	1. 7784 ***	1. 7338 ***
	(0. 000)	(0. 000)
age	0. 2059 *	0. 1779
	(0. 505)	(0. 566)
State	2. 9754 ***	2. 4892 **
	(0. 010)	(0. 025)
con	3. 4863 ***	3. 5064 ***
	(0. 003)	(0. 002)
lcy	控制	控制
ind	控制	控制
n	807	807
R^2	0. 4794	0. 4954

注： *** 、 ** 、 * 分别表示在 1% 、 5% 、 10% 水平下显著，括号内数值表示对应系数的 p 值。

从表 6. 3 中的回归结果可以看出，在控制了生命周期和行业因素后，无论有没有考虑财税政策变量，外部融资与创新绩效均在 1% 水平上显著正相关，表明外部融资对科技型中小企业创新绩效具有显著的促进作用，因此假设 6 − 1 得到了支持。加入财税政策变量后，可以看出多元回归方程拟合优度的统计量 R^2 由 0. 4794 增加到 0. 4954，表明财税政策变量对观测值的拟合程度起到优化作用，也就是说财税政策变量减少了创新绩效实际值与预测值之间的差距，财税政策是科技型中小企业创新绩效评价中需要考虑的因素之一。

　　然后从其他控制变量来看，回归结果的影响系数符合经济意义。资产负债率代表企业的资本结构，在表 6.3 中该变量的影响系数为负数，但不显著，表明资产负债率对企业创新绩效具有负向调节的作用，但影响不大，这个结果与科技型中小企业资产负债率较低有关。企业规模和创新绩效显著正相关，表明企业规模越大，企业创新绩效效果越好，这与熊彼特的规模效应假说是一致的。产权性质变量与科技型中小企业创新绩效显著正相关，且在第五章创新投入、创新产出、创新转化以及创新绩效四个方面比较分析中国有企业明显好于非国有企业，因此表明国有产权性质更有利于企业创新绩效的提升。这个结果和肖兴志（2013）研究结论一致，由于政策导向对国有产权性质的企业影响更大，在创新驱动发展战略背景下，国有企业更注重创新投资，从而创新绩效高于非国有企业。

四、外部融资对财税政策影响创新绩效的中介效应检验

　　中介效应是解释变量通过一个或一个以上中介变量间接影响被解释变量而产生的变量间的影响关系。在本章中创新绩效为被解释变量，财税政策为解释变量，外部融资为中介变量。目的是通过外部融资分析财税政策对科技型中小企业创新绩效的作用机理，从而检验外部融资在财税政策与创新绩效之间的中介效应。中介效应检验方法主要有逐步检验法、系数乘积检验法、差异系数检验法以及 Bootstrap 检验法等，其中逐步检验法由于步骤清晰、操作简单，因此被广泛采用，是使用最多的中介效应检验方法（温忠麟和叶宝娟，2014）。

　　逐步检验法是由巴伦和肯尼（Baron and Kenny，1986）提出的，其检验中介效应的基本步骤为：第一步检验解释变量与被解释变量之间的关系；第二步检验解释变量与中介变量之间的关系；第三步检验将中介变量引入方程后，解释变量与被解释变量的相关系数变化。如果第一步和第二步中的影响系数显著，且第三步的中介变量、解释变量与被解释变量的系数都显著，说

明存在中介效应（方杰，2012）。在第三步回归中，如果因中介变量的加入，解释变量与被解释变量的相关系数下降至零，为完全中介；解释变量与被解释变量的相关系数降低，但不等于零，则为部分中介。下面在控制企业规模、资产负债率、企业年龄、产权性质、生命周期以及行业变量的基础上，按照逐步检验法的步骤分析外部融资的中介效应，具体检验结果如表 6.4 所示。

表 6.4　　　　外部融资在财税政策与创新绩效间的中介效应检验结果

被解释变量	innp		Δdebt		innp	
	第一步		第二步		第三步	
dgov	2.0580 *** (0.000)		2.0069 *** (0.000)		1.4775 *** (0.009)	
dtax		2.6541 *** (0.000)		0.5995 ** (0.040)		2.4602 *** (0.000)
Δdebt					0.2893 *** (0.001)	0.3234 *** (0.000)
Lev	− 0.5499 (0.437)	− 0.5851 (0.408)	0.3763 (0.178)	0.2432 (0.387)	− 0.6587 (0.350)	− 0.6637 (0.348)
lnsize	1.7846 *** (0.000)	1.7761 *** (0.000)	0.0714 (0.148)	0.0911 *** (0.080)	1.7639 *** (0.000)	1.7466 *** (0.000)
age	0.2912 (0.349)	0.3126 ** (0.313)	0.3381 *** (0.000)	0.3814 *** (0.000)	0.1934 * (0.532)	0.1893 * (0.541)
state	2.3227 ** (0.037)	2.4651 ** (0.023)	− 1.2191 *** (0.005)	− 0.9317 ** (0.038)	2.6753 ** (0.020)	2.7664 ** (0.014)
con	3.1541 *** (0.007)	3.2271 *** (0.006)	− 0.9939 ** (0.016)	− 0.9975 ** (0.020)	3.4416 *** (0.003)	3.5497 *** (0.002)
lcy	控制	控制	控制	控制	控制	控制
ind	控制	控制	控制	控制	控制	控制
n	807	807	807	807	807	807
R^2	0.4758	0.4807	0.1542	0.0819	0.4838	0.4915

注：***、**、* 分别表示在1%、5%、10%水平上显著，括号内数值表示对应系数的 p 值。

表 6.4 中第一步检验解释变量对被解释变量的影响，即财政政策和税收

政策对创新绩效影响。回归结果显示财政政策和税收政策与创新绩效均值在1%水平上显著正相关，即满足了解释变量与被解释变量之间显著相关的条件。该结果与第五章中财税政策与创新绩效的回归结果是一致的，从而再次表明财税政策对创新绩效具有显著影响的结论是稳健的。另外从控制变量来看，企业规模变量对创新绩效具有显著影响，规模越大，企业创新绩效越好；产权性质变量与创新绩效显著正相关。

第二步检验解释变量对中介变量的影响，即财政政策和税收政策对外部融资的影响。由表6.4可见，财政政策与外部融资在1%水平上显著正相关，税收政策与外部融资在5%水平上显著正相关，即满足了解释变量与中介变量显著相关的条件。这个结果说明财政政策和税收政策对科技型中小企业的外部融资具有显著的促进作用，与第四章财税政策与外部融资的实证分析结果一致。产权性质变量与科技型中小企业外部融资显著负相关，在第四章外部融资变量描述性统计分析中，国有企业的本期外部债务融资增加额均值为0.9785，非国有企业的为1.1501，即非国有企业外部融资明显高于国有企业，说明国有产权性质对企业外部融资没有促进作用，其原因可能与国有企业外部融资的需求有关。

第三步检验中介变量加入后，解释变量对被解释变量影响系数的变化。表6.4中回归结果显示，加入外部融资中介变量后，财政政策与创新绩效仍在1%水平上显著相关，且外部融资与创新绩效也在1%水平上显著相关。因此根据逐步检验法分析中介效应的步骤和要求，表明存在中介效应。然后从解释变量对被解释变量影响系数的变化来判断是完全中介，还是部分中介。财政政策对创新绩效的影响系数从2.0580降为1.4775，税收政策对创新绩效的影响系数从2.6541降为2.4602，表明外部融资在财政政策和税收政策对创新绩效影响中具有部分中介效应，且从影响系数下降程度来看，外部融资对财政政策影响创新绩效的中介效应大于外部融资对税收政策影响创新绩效的中介效应。因此本章假设6-2和假设6-3得到了支持。根据表6.3和表6.4的回归结果，将财税政策、外部融资与企业创新绩效之间的关系绘制成图6.1。

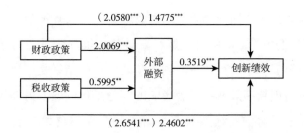

图 6.1　财税政策、外部融资与企业创新绩效的关系

注：***、** 分别表示在1%、5%水平上显著；括号内为未加入中介变量的回归系数。

五、稳健性检验

Sobel 法是系数乘积检验法中最常用的一种方法，已有研究发现，Sobel 法的检验力高于逐步检验法（温忠麟，2004），因此该部分稳健性检验采用 Sobel 法。Sobel 法检验中介效应的统计量为 Z 值，其计算方法如下：

$$Z = \frac{\hat{a}\hat{b}}{S_{ab}} \tag{6.6}$$

$$S_{ab} = \sqrt{\hat{a}^2 s_b^2 + \hat{b}^2 S_a^2} \tag{6.7}$$

其中，$\hat{a}$ 为解释变量对中介变量的影响系数，即表 6.4 第一步回归的财税政策影响系数；S_a 为 $\hat{a}$ 的标准误；$\hat{b}$ 为加入中介变量后，中介变量对被解释变量的影响系数，即表 6.4 第三步回归结果中外部融资对创新绩效的影响系数；S_b 为 $\hat{b}$ 的标准误。然后根据 S_{ab} 构建对称的置信区间，如果置信区间不包括 0，表明存在中介效应；否则不存在中介效应（温忠麟，2004）。

$$95\%\ 置信区间 = \hat{a}\hat{b} \pm 1.96 \times S_{ab} \tag{6.8}$$

根据式（6.6）、式（6.7）、式（6.8）检验外部融资在财政政策、税收政策与创新绩效之间是否存在中介效应。外部融资在财政政策与创新绩效之间的中介效应检验：Z = 2.9728 > 1.96；且95%置信区间为：［0.1978 0.9634］，可见 Z 值统计量显著，且置信区间不包括0。因此，外部融资在财政政策与创新绩效之间具有中介效应。外部融资在税收政策与创新绩效之间的中介效应检验：$Z = 1.9876 > 1.96$；且 95% 置信区间为：$[0.0138\ 0.4016]$。同样 Z 值在 5% 水平上显著，且 95% 置信区间内不包括 0，外部融资在税收政策与创新绩效之间具有中介效应。总之，Sobel 法分析结果表明外部融资在财税政策与创新绩效之间具有中介效应，假设 6 - 2 和假设 6 - 3 得到了支持并且结论稳健。

本章小结

本章理论分析了外部融资对创新绩效的影响，以及外部融资在财税政策与创新绩效之间的中介效应，并根据理论分析提出相应研究假设，然后根据调查数据对研究假设进行了检验。主要研究内容和结论如下。

1. 从债务融资的成本效应和治理效应两个方面理论分析外部债务融资对企业创新绩效的影响。在科技型中小企业创新融资较为困难的背景下，理论分析认为外部债务融资对科技型中小企业创新绩效具有促进作用。然后根据有效样本数据对研究假设进行实证检验，结果表明外部融资对企业创新绩效具有显著的正向影响。

2. 从外部债务融资的监督作用和财税政策的认证作用两方面，理论分析外部融资在财税政策与创新绩效的中介效应，并提出本章假设 6 - 2 和假设 6 - 3。然后采用逐步检验法对中介效应进行实证分析，结果表明外部融资在财税政策与创新绩效之间具有中介效应。在此基础上，采用 Sobel 法对外部融资的中介效应进行稳健性检验，结果显示外部融资具有中介效应的结论是稳健的。

3. 本章研究结论具有非常重要的现实意义。在科技型中小企业外部融资困难的背景下，企业获得外部融资有利于创新绩效的提升，因此为优化融资环境、促进科技型中小企业创新发展提供了理论和事实依据。根据对外部融资中介效应的分析和检验，意味着政府不仅可以通过财税政策直接激励和引导科技型中小企业提升创新绩效，而且可以通过财税政策的认证作用，提升科技型中小企业的外部融资能力，从而促进创新绩效提升。

| 第七章 |

研究结论和建议

在回顾外部融资、创新绩效以及财税政策相关研究的基础上，结合融资理论、创新理论以及财税政策理论，分析财税政策对科技型中小企业外部融资和创新绩效的作用机理。然后通过调查问卷获得科技型中小企业的相关数据，运用描述性分析、比较分析以及回归分析法，检验财税政策对企业外部融资与创新绩效的影响。本章在上述内容研究的基础上，总结研究结论，并提出相应的政策建议及本书研究的局限性与未来研究的方向。

第一节 研究结论

一、科技型中小企业融资和创新的特点

以天津市科技型中小企业为总体，分层抽取调查对象，最终获得有效样本807家。通过对有效样本的描述性分析发现，科技型中小企业规模较小，较为年轻。然后统计分析有效样本的融资和创新情况，发现存在以下特点。

（一）科技型中小企业融资特点

1. 科技型中小企业资产负债率低，权益融资中以自有资金为主。根据调

查数据统计分析发现，科技型中小企业的资产负债率均值为 39.9%，而 2013 年我国 2 833 家上市公司的资产负债率均值为 44.75%，2014 年 2 832 家为 46.51%，且企业负责人是第一大股东的比例为 68.4%。相对于上市公司，非上市的科技型中小企业显然在资本市场中获得权益融资处于弱势，因此，一般认为，非上市的科技型中小企业应该有更多的债务融资，即资产负债率高，但是事实却相反。这也反映出非上市的科技型中小企业不仅外部权益融资困难，而且债务融资也严重受限制。

2. 产权性质不同的科技型中小企业融资特点存在差异。统计分析发现国有企业的资产负债率为 53.38%，而非国有性质的企业资产负债率为 39.12%，且两组样本均值存在显著差异；从权益融资中负责人是第一大股东的比例来看，国有企业只有 4 家持股比例超过 50%，占国有企业总数的 6%；而非国有企业中持股超过 50% 的占 56.63%。可以看出，相对于国有产权性质的科技型中小企业，非国有产权性质的企业具有低杠杆特点，且权益融资以自有资金为主更加凸显。

3. 不同生命周期的科技型中小企业融资特点不同。初创期的科技型中小企业资产负债率是不同生命周期中最低的，而成熟期的最高。初创期企业的负责人是第一大股东比例也明显高于成熟期企业。这和金融周期理论是吻合的，生命周期早期阶段的科技型中小企业融资渠道少，融资方式单一，以内源性融资为主。

(二) 科技型中小企业创新特点

根据调查数据统计分析科技型中小企业创新情况发现，创新投入较低，研发经费投入与销售收入比低于 3% 的样本比例超过了 30.61%；创新成果产出有待加强，在 2014 年度超过一半企业没有专利或发明专利申请；注重成果转化，科技型中小企业从事产品创新、工艺创新、组织创新以及营销创新的比例较高；创新业绩普遍不高。

二、财税政策对科技型中小企业外部融资影响的研究结论

(一) 财政政策对科技型中小企业外部融资影响的信号效应

根据财税政策的公共利益理论，采用信号博弈分析认为财税政策对科技型中小企业外部融资有促进作用。在理论分析基础上，利用调查数据，采用OLS+稳健标准差法，以财税政策哑变量和连续变量为解释变量，分别回归分析财税政策对外部融资的影响。结果表明财政政策对科技型中小企业外部融资具有显著的促进作用，而税收政策效果不明显，且两次回归的结果一致，说明研究结论是稳健的。可见，我国财政政策对外部资金供给者具有信号效应，对科技型中小企业质量具有认证效应，有利于缓解科技型中小企业外部融资难。

(二) 产权性质对财税政策影响科技型中小企业外部融资的调节效应

根据信贷配给理论分析表明非国有的科技型中小企业存在严重信贷配给现象，相对于国有企业，非国有企业外部债务融资更难。在获得财税政策支持上，国有企业明显占有优势，因此理论分析认为产权性质对财税政策影响科技型中小企业外部融资具有调节效应。根据调查数据，按照产权性质将样本分为国有企业和非国有企业，统计分析发现科技型中小企业以非国有企业为主，国有企业较少。然后采用比较分析法、回归分析法对研究假设进行检验，结果表明相对于国有企业，财政政策对非国有企业外部融资影响效果较为显著，即产权性质具有调节效应；税收政策对两组样本外部融资影响都不大。由此可见，财政政策对科技型中小企业具有认证作用得到支持，且对非国有企业的外部融资影响大。

(三) 生命周期对财税政策影响科技型中小企业外部融资的调节效应

根据金融周期理论分析认为科技型中小企业不同生命周期的融资特点不

同，对财税政策需求也不一样，财政政策对生命周期早期阶段企业外部融资影响大，而税收政策对生命周期后期阶段企业外部融资影响大。借鉴文献研究，将总样本分为初创期、成长期和成熟期，采用比较分析法和回归分析法研究表明财政政策对成熟期的科技型中小企业外部融资影响最大，而对初创期企业外部融资影响小，税收政策对三组样本的外部融资影响都不大。

三、财税政策对科技型中小企业创新绩效影响的研究结论

（一）财税政策对科技型中小企业创新绩效影响的激励效应

根据不完全信息博弈分析政府财税政策支持对企业创新行为的选择影响，在此基础上，分析财税政策对创新绩效影响的激励效应，发现财税政策能够提升科技型中小企业创新绩效，税收政策比财政政策对创新绩效的影响大。在借鉴文献研究基础上，构建创新绩效指标体系，采用主成分分析法计算创新绩效综合值，并以此为被解释变量实证分析财税政策与创新绩效的关系。回归结果表明财税政策对科技型中小企业创新绩效的提升效果显著，税收政策的影响系数大于财政政策的影响系数。由此可见，我国财税政策对科技型中小企业创新发展具有推动作用，宏观政策影响微观行为的效果明显。

（二）产权性质对财税政策影响创新绩效的调节效应

根据俘获理论分析发现国有企业与政府官员有较多关联，能够获得更多财税政策支持，但由于在社会目标和政府官员私人收益影响下，国有企业倾向于稳健的投资策略，因此理论分析表明产权性质对财税政策影响创新绩效具有调节作用。然后采用比较分析法和回归分析法研究表明，财税政策对非国有产权性质的科技型中小企业创新绩效促进效果显著，而对国有企业的效果不显著。且这两组样本中税收政策对创新绩效的影响明显高于财政政策。因此，产权性质对财税政策效果具有调节作用。

（三）生命周期对财税政策影响创新绩效的调节效应

不同生命周期科技型中小企业创新特点不同，其经营状况和政策需求也存在差异。由于初创期企业销售收入少，更需要财政政策支持，而成熟期企业具有一定市场影响力，产业已成规模，销售份额稳定，不仅需要财政政策对其质量认证，也需要税收政策对其缴税额的让渡。因此理论分析表明生命周期对财税政策作用效果具有调节效应。然后，采用比较分析法和回归分析法研究表明，财政政策和税收政策对不同生命周期的科技型中小企业创新绩效均具有显著影响，其中财政政策对初创期企业影响最大，而税收政策对处于成熟期的科技型中小企业影响作用最大。由此可见，生命周期对财税政策影响创新绩效具有调节效应。

四、外部融资对财税政策影响创新绩效的中介效应研究结论

根据融资结构理论分析不同融资方式对科技型中小企业创新绩效的影响，从债务融资对企业具有治理作用角度分析发现，科技型中小企业获得外部融资有利于提升创新绩效；从财税政策的信号效应分析发现，财税政策对外部资金供给者具有信号效应，获得财税政策支持有利于企业外部融资，外部债务融资的监督作用是对财税政策监督不足的补充，因此理论分析认为外部融资在财税政策对创新绩效的影响中具有中介效应。根据调查数据，实证分析表明外部融资能够提升企业创新绩效。然后采用逐步检验法分析外部融资的中介效应，结果表明因外部融资变量的加入，财政政策和税收政策对创新绩效的影响系数都有所下降，但没有减为零。再采用 Sobel 法对外部融资的中介效应进行稳健性检验，结果与逐步检验法一致，因此外部融资对财税政策影响创新绩效具有部分中介作用。

第二节　建议

一、对政策制定者的建议

（一）财税政策应注重对生命周期早期阶段企业的扶持，增加灵活性

政策文本制定应考虑弱势主体的参与度，相对于大型企业或成熟企业，初创期企业的产品初入市场，不确定因素更大，企业死亡率较高，因此更需要政策的扶持和关注。然而，根据不同生命周期企业获得财税政策支持情况统计发现，成熟期企业获得财税政策支持为 23.5%，而初创期企业获得财税政策支持为 12.8%。虽然较多的财税政策适宜所有企业，但成长期和成熟期企业享受政策多，而对初创期企业的支持有限（张明喜，2013）。然后，根据调查数据分析没有享受政策的原因，发现几乎 50% 的企业选择"不具备享受该政策的资格"题项。白全民（2014）通过对 1998～2012 年科技型中小企业发展政策文本梳理发现，对科技型中小企业种子期或初创期的扶持政策很少。由此可见，财税政策应加强对生命周期早期阶段科技型中小企业的扶持。

另外，我国对科技型中小企业早期阶段的财税政策由于一些政策条款限制，也不利于早期阶段企业享受。如我国于 1999 年启动的科技型中小企业技术创新基金项目，以及《科技型中小企业技术创新基金项目管理暂行办法》，其初衷是重点支持种子期和初创期的科技型中小企业，但在无偿资助项目中要求"项目计划新增投资的资金来源确定，投资结构合理""企业需有与申请创新基金资助数额等额以上的自有资金匹配"等。而处于生命周期早期阶段的科技型中小企业资金缺乏，难以有充足的自有资金配置科技创新项目，期望政府资助获得启动资金，以保证项目开展。然而项目资金来源的规定，可能会导致许多早期阶段的企业无法具备申报资格。因此，政策制定

上要具有灵活性，为创新水平高、发展潜力大的项目或企业提供较为宽松的审核标准，充分发挥财税政策对科技型中小企业成长壮大的推动作用。

（二）增加财税政策措施的多样化

根据本书梳理的财政政策和税收政策文本条例，可知我国财政政策虽然已有较多的措施，但针对科技型中小企业早期阶段的具体政策相对较少，政策主要从推动效应角度引导科技型中小企业创新，而从需求拉动角度入手的财政政策较少。科技部在《关于进一步推动科技型中小企业创新发展的若干意见》中明确提出"通过政府采购支持科技型中小企业技术创新"，但有待各级地方政府落实。税收政策方面侧重于所得税优惠，而其他税种优惠较少，政策措施单一，也会影响政策效果。因此，应根据科技型中小企业生命周期不同阶段对政策的需求，制定多样化的财税政策。

二、对政策执行者的建议

（一）提高政策执行部门的执行力

从本书研究可见，财税政策对外部融资具有信号效应，对创新绩效具有激励效应，即我国财税政策对调控融资环境、促进创新具有重要作用，那么如何提高政策落实度是充分发挥财税政策有效性的保障。政策执行部门在政策实施过程中具有承上启下的作用，政策执行力会影响政策落实情况。根据调查数据统计分析"没有享受财税政策的原因"发现，"不知道此政策"题项的选择比例较高。"不知道此政策"说明政策执行部门对该政策的宣传和执行力不够。宋河发、穆荣平（2009）发现2007~2008年，在中国科学院创新发展研究中心组织了两次对研发费用加计扣除政策的大规模调查中，统计结果显示"不知道此政策"所占比例较大。由此可见，政策执行部门的执行力仍须提升，如何在最短的时间、采用最有效的方式让企业获得并清楚了解政策信息和要求，是政策能够发挥有效性的保障，是企业获得政策支持的关键。

（二）财税政策审批程序需要提高公平性和透明度

根据产权性质统计分析获得财税政策支持的情况发现，国有产权性质的科技型中小企业获得财税政策的支持率为37.78%；而非国有性质的科技型中小企业获得财税政策的支持率为17.32%，可见产权性质对是否能够享受财税政策影响较大。已有文献从政治庇护理论、目标导向理论（李玲，2013）、父爱理论（余明桂，2012）等进行分析表明政府政策偏爱国有企业。该现象的存在，一方面说明财税政策审批程序存在不公平现象，另一方面政府财政资源是有限的，在给予国有企业偏多的情况下，非国有企业可利用的就会较少。本书财税政策对外部融资与创新绩效影响的实证分析表明，财税政策对非国有企业的影响效果明显好于国有企业，这也反映出较多财政资源被国有企业占用，并没有充分发挥效率，从而导致社会资源损失。因此，政策执行部门要提高政策执行过程的公平性和透明度，提升财政资源有效性。

三、对企业的建议

（一）企业应充分利用财税政策的信号效应

从本书研究发现科技型中小企业获得财税政策支持有利于外部融资，特别是财政政策对外部融资的影响效果更为显著。李莉（2015）通过信号博弈模型分析表明政府支持具有信号作用，有利于企业获得银行信贷资金。因此，科技型中小企业获得财税政策支持，一方面得到政府财政资金的直接资助；另一方面财税政策对企业有质量认证作用，企业将财税政策支持信息及时地传达给外部资金供给者，从而缓解信息不对称，有利于获得外部融资，缓解资金不足问题，从而推动企业创新发展。

（二）科技型中小企业应重视并积极响应政策

从科技型中小企业创新情况统计可见，企业创新投入较低，创新成果产出不多。虽然我国制定了较多的财税政策激励企业创新投入以及成果产出，且从理论分析和实证研究上表明财税政策对企业提升创新绩效具有积极作用，但由于较多企业没有获得相关政策支持，企业受惠比例不高，导致政策效果有限。这除了与政策文本有关外，科技型中小企业对政策的关注程度也是非常重要的因素。政策有效性的落实不仅仅依靠政策制定者"自上而下"的传达实施，更重要的是政策目标群体对政策"自下而上"的积极反应。戈金的"府际政策执行沟通概念模式"指出，政策目标群体可能会接受政府决定的执行形式和内容，但政策目标群体也会依自身对政策偏好的程度和执行能力，回应政府的诱因与限制，进而影响到政策制定。因此，科技型中小企业应积极争取财税政策支持，并对政策实施效果进行反馈。这不仅有利于科技型中小企业获得创新所需财政资金，也有利于财税政策效果的提升。

第三节　研究局限性和展望

一、研究局限性

本书以非上市的科技型中小企业为研究对象，通过调查问卷获得相关数据，实证分析财税政策、外部融资与创新绩效之间的关系。由于笔者能力有限，本书存在如下局限性：

第一，本次问卷调查对象仅是天津市的科技型中小企业，研究结论具有地域性。另外，调查问卷涉及企业内部较多财务数据，填写问卷的受访者可能填写得不全面，会导致研究结果出现偏差。

第二，在根据问卷调查数据进行实证分析的过程中，税收政策只考虑了企业享受的所得税政策。主要基于两方面考虑：一是通过对我国科技型中小企业相关的税收政策梳理后发现，税收优惠以所得税优惠为主，其他税种较少；二是税收政策较多，将所有政策都进行调查不现实，也会影响调查问卷填报的质量。因此，本书只选择了代表性的税收政策进行研究，而忽略了其他税收政策，在一定程度上可能低估了税收政策作用效果。

第三，本书采用截面数据，对财税政策、外部融资与创新绩效进行实证分析，而财税政策的滞后效果没有反映出来，缺乏动态研究。另外，仅分析了产权性质、生命周期对财税政策效果的影响，而没有分析企业战略定位、企业家精神等异质性因素，因此缺乏更加细致深入的研究。在研究方法上，本书虽然采用回归分析、主成分分析、比较分析、博弈分析等方法，但是由于笔者能力的限制，可能会有考虑不到位的地方，从而导致研究结论出现偏差。

二、未来展望

第一，在未来的研究中要深入企业，特别是创新能力强、规模较小的科技型中小企业进行案例研究。案例研究可以全面了解科技型中小企业享受的财税政策，以及企业外部融资和创新情况，能够更加细致和深入地分析财税政策对科技型中小企业外部融资和创新绩效的影响。

第二，若能跟踪调查科技型中小企业多年的数据，在未来研究中可以采用动态模型，检验财税政策对科技型中小企业外部融资与创新绩效的动态影响，可获得财税政策短期和长期作用效果。

第三，若未来能获得其他地区的科技型中小企业数据资料，可以进行地区间比较分析，也会因样本数量的扩大使得研究结论更具说服力。

参考文献

［1］巴萨拉．技术发展简史［M］．上海：复旦大学出版社，2000．

［2］白俊红，蒋伏心．协同创新、空间关联与区域创新绩效［J］．经济研究，2015（7）：174 - 187．

［3］白俊红．中国的政府 R&D 资助有效吗——来自大中型工业企业的经验证据［J］．经济学（季刊），2011（7）：1375 - 1398．

［4］白全民，崔雷，朱运海．我国科技型中小企业发展政策演化特征及评价［J］．中国科技论坛，2014（8）：80 - 91．

［5］曹兴，李佳．高科技企业发展特征、影响因素及其环境分析［J］．中国软科学，2003（7）：58 - 63．

［6］曹宗平．科技型中小企业技术创新的资金支持——基于生命周期视角的研究［J］．科技管理研究，2009（4）：112 - 115．

［7］柴斌锋．中国民营上市公司 R&D 投资与资本结构、规模之间关系的实证研究［J］．科学学与科学技术管理，2011（32）：40 - 47．

［8］陈佳贵．关于企业生命周期与企业蜕变的探讨［J］．中国工业经济，1995（11）：5 - 13．

［9］陈金丹，王晶晶．数字化投入与制造业创新效率［J］．经济经纬，2022，39（3）：78 - 88．

［10］陈劲，陈钰芬．企业技术创新绩效评价指标体系研究［J］．科学学与科学技术管理，2006（3）：86 - 91．

［11］陈劲，刘振．开放式创新模式下技术赶超学习对创新绩效的影响［J］．管理工程学报，2011（4）：1－7.

［12］陈劲，郑刚．创新管理［M］．北京：北京大学出版社，2009.

［13］陈骏．基于债务契约的银行监督有效吗？——来自盈余管理视角的经验证据［J］．中央财经大学学报，2010（12）：84－90.

［14］陈玉荣．科技型中小企业各生命周期阶段的特点及融资策略［J］．科技进步与对策，2010（14）：91－93.

［15］程新生，谭有超，刘建梅．非财务信息、外部融资与投资效率——基于外部制度约束的研究［J］．管理世界，2012（7）：137－150.

［16］崔也光．我国高新技术企业研发投入的现状、绩效与对策［M］．北京：经济科学出版社，2014.

［17］戴晨，刘怡．税收优惠与财政补贴对企业 R&D 影响的比较分析［J］．经济科学，2008（3）：58－71.

［18］戴跃强，达庆利．企业技术创新投资与其资本结构、规模之间关系的实证研究［J］．科研管理，2008（8）：38－42.

［19］邓天佐，靳东升，白景明，等．中国应该加快制定和完善科技税收政策［J］．中国科技论坛，2005（3）：3－7.

［20］杜伟，魏勇．技术创新的不确定性与政府激励政策安排［J］．科学学与科学技术管理，2001（7）：50－52.

［21］杜琰琰，束兰根．从科技支行到科技银行——基于文献研究和实地调研［J］．科技进步与对策，2014（9）：5－10.

［22］段婕，刘勇．基于因子分析的我国装备制造业技术创新能力评价研究［J］．科技进步与对策，2011（20）：122－126.

［23］段忠贤．自主创新政策的供给演进、绩效测量及优化路径研究［D］．杭州：浙江大学，2014：12－15.

［24］方重，梅玉华．税式支出对企业研发激励效应的实证研究［J］．税务研究，2011（8）：86－89.

［25］房汉廷．上市公司科技板块分析报告［M］．北京：经济管理出版

社，2004．

[26] 高艳慧，万迪昉，蔡地．政府研发补贴具有信号传递作用吗？——基于我国高技术产业面板数据的分析 [J]．科学学与科学技术管理，2012（1）：5－11．

[27] 高增亮，张俊瑞，李海霞．高管金融网络关系、融资约束与资本结构 [J]．金融论坛，2019（2）：69－80．

[28] 苟燕楠，董静．风险投资背景对企业技术创新的影响研究 [J]．科学管理，2014（2）：35－42．

[29] 顾丽琴，梅烨丹．基于 DEA 方法的江西省科技型中小企业技术创新基金绩效分析 [J]．科技管理研究，2013（2）：45－48．

[30] 官建成，陈凯华．我国高技术产业技术创新效率的测度 [J]．数量经济技术经济研究，2009（10）：19－33．

[31] 郭景先，苑泽明．生命周期、财政政策与创新能力——基于科技型中小企业的经验证据 [J]．当代财经，2018（3）：23－34．

[32] 郭丽虹，徐晓萍．中小企业融资约束的影响因素分析 [J]．南方经济，2012（12）：36－48．

[33] 郭鹏飞，孙培源．资本结构的行业特征：基于中国上市公司的实证研究 [J]．经济研究，2003（6）：66－73．

[34] 郭晓丹，何文韬，肖兴志．战略性新兴产业的政府补贴、额外行为与研发活动变动 [J]．宏观经济研究，2011（11）：63－69．

[35] 胡奕明，谢诗蕾．银行监督效应与贷款定价——来自上市公司的一项经验研究 [J]．管理世界，2005（5）：18－29．

[36] 焦跃华，黄永安．风险投资与公司创新绩效——基于创业板公司的经验分析 [J]．科技进步与对策，2014（10）：84－89．

[37] 李海林，龙芳菊，林春培．网络整体结构与合作强度对创新绩效的影响 [J]．科学学研究，2022（6）：1－18．

[38] 李健英，慕羊．基于 DEA 方法的国上市企业创新绩效研究 [J]．科学学与科学技术管理，2015（6）：111－121．

［39］李江．中小企业关系型融资研究新进展［J］．经济学动态，2009（8）：103 – 106．

［40］李杰，李思，李丽清．高新技术企业税收优惠效应的实证分析：以生物制药为例［J］．系统工程，2013（5）：92 – 97．

［41］李莉，高洪利，陈靖涵．中国高科技企业信贷融资的信号博弈分析［J］．经济研究，2015（6）：162 – 174．

［42］李丽青．我国现行 R&D 税收优惠政策的有效性研究［J］．中国软科学，2007（7）：115 – 120．

［43］李玲，陶厚永．纵容之手、引导之手与企业自主创新——基于股权性质分组的经验证据［J］．南开管理评论，2013（3）：69 – 79．

［44］李美娟，陈国宏，陈国龙．基于灰色关联度的产业技术创新能力评价研究［J］．山西财经大学学报，2008（6）：51 – 57．

［45］李平，王春晖．政府科技资助对企业技术创新的非线性研究——基于中国 2001 – 2008 年省级面板数据的门槛回归分析［J］．中国软科学，2010（8）：138 – 147．

［46］李四海，陈旋．企业家专业背景与研发投入及其绩效研究——来自中国高新技术上市公司的经验证据［J］．科学学研究，2014（10）：1498 – 1508．

［47］李婉红，刘芳，刘天森．国家高新区提升了城市创新效率吗？——基于空间集聚调节效应的实证检验［J］．管理评论，2022，34（5）：93 – 108．

［48］李文贵，余明桂．所有权性质、市场化进程与企业风险承担［J］．中国工业经济，2012（12）：115 – 127．

［49］李香，菊杨欢．财税激励政策、外部环境与企业研发投入——基于中国战略性新兴产业 A 股上市公司的实证研究［J］．当代财经，2019（3）：25 – 36．

［50］李小静．信号传递视角下政府干预、外部投资与企业自主创新——基于战略性新兴产业上市公司面板数据的研究［D］．天津：天津大

学，2014：8 - 10.

[51] 李政，陆寅宏. 国有企业真的缺乏创新能力吗？——基于上市公司所有权性质与创新绩效的实证分析与比较 [J]. 经济理论与经济管理，2014 (2)：27 - 38.

[52] 梁冰. 我国中小企业发展及融资状况调查报告 [J]. 金融研究，2005 (5)：120 - 138.

[53] 梁富山. 加计扣除税收优惠对企业研发投入的异质性效应研究 [J]. 税务研究，2021 (3)：134 - 143.

[54] 梁彤缨，冯莉，陈修德. 税式支出、财政补贴对研发投入的影响研究 [J]. 软科学，2012 (5)：32 - 50.

[55] 林毅夫，孙希芳. 信息、非正规金融与中小企业融资 [J]. 经济研究，2005 (7)：35 - 44.

[56] 刘督，万迪昉，吴祖光. 债务融资能够在研发活动中发挥治理作用吗？[J]. 西安交通大学学报，2015 (3)：53 - 58.

[57] 刘凤朝，潘雄锋，施定国. 基于集对分析法的区域自主创新能力评价研究 [J]. 中国软科学，2005 (11)：83 - 91.

[58] 刘和旺，郑世林，王宇锋. 所有制类型、技术创新与企业绩效 [J]. 中国软科学，2015 (3)：28 - 40.

[59] 刘桔林，罗能生. 中小企业融资难的对策研究——基于东南亚国家经验 [J]. 理论学刊，2012 (5)：57 - 60.

[60] 刘丽巍. 中小高新技术企业融资对社区银行的制度需求 [J]. 科技进步与对策，2009 (12)：37 - 40.

[61] 刘曼红，胡波. 风险投资理论：投资过程研究的理论发展和前沿 [J]. 国际金融研究，2004 (3)：8 - 14.

[62] 刘楠，杜跃平. 政府补贴方式选择对企业研发创新的激励效应研究 [J]. 科技进步与对策，2005 (11)：18 - 19.

[63] 刘闲月，孙锐，赵大丽. 激励集群企业创新的财税政策研究 [J]. 财政研究，2014 (4)：39 - 42.

［64］柳光强，田文宠．完善促进战略性新兴产业发展的税收政策设想——从区域税收优惠到产业优惠［J］．中央财经大学学报，2012（3）：1－5．

［65］龙勇，常青华．创新类型、融资方式与市场战略关系——基于中国高技术企业的实证研究［J］．科学学研究，2008（4）：852－859．

［66］龙勇，时萍萍．风险投资对高新技术企业的技术创新效益影响［J］．经济与管理研究，2012（7）：38－44．

［67］龙勇，杨晓燕．风险投资对技术创新能力的作用研究［J］．科技进步与对策，2009（23）：16－20．

［68］吕宏生，何健敏．科技型中小企业在生命周期中的特点及其融资策略［J］．软科学，2005（3）：44－47．

［69］罗亚非，洪荧．科技型中小企业界定问题研究［J］．统计研究，2005（5）：74－78．

［70］罗正英．中小企业信贷资源占有能力提升的战略重点［J］．中国工业经济，2004（4）：82－87．

［71］马琳，张佳睿．充分发挥风险投资对科技型中小企业的支持作用［J］．经济纵横，2013（9）：40－43．

［72］马伟红．税收激励与政府资助对企业 R&D 投入影响的实证分析基于上市高新技术公司的面板数据［J］．科技进步与对策，2011（17）：111－114．

［73］梅建明，王琴．我国科技创新基金绩效评价研究——以中部 D 市 W 区为例［J］．中南财经政法大学学报，2012（3）：68－73．

［74］孟艳．支持创新科技型中小企业发展的财政政策：评价与优化［J］．理论学刊，2007（11）：66－69．

［75］欧阳华生，谭军．我国科技税收政策优化思路［J］．科技进步与对策，2004（12）：91－93．

［76］潘红波，余明桂．支持之手、掠夺之手与异地并购［J］．经济研究，2011（9）：108－120．

［77］钱野，徐士松，周恺秉．基于政府支持的科技担保缓解科技型初

创企业融资难问题的研究 [J]. 中国科技论坛, 2012 (2): 59 - 63.

[78] 权锡鉴, 朱雪. 政府补助、资本结构与企业技术创新效率——基于利益相关者理论的实证研究 [J]. 商业研究, 2022 (2): 96 - 103.

[79] 任海云, R&D 投入与企业绩效关系的调节变量综述 [J]. 科技进步与对策, 2011 (3): 155 - 160.

[80] 邵学峰, 王爽. 激励企业科技创新的税收政策研究 [J]. 经济纵横, 2012 (1): 118 - 121.

[81] 师瑞斌, 薛蒙. 中国中小企业融资困境及对策 [J]. 企业研究, 2011 (18): 86 - 87.

[82] 宋方煜. 企业社会资本对创新绩效的影响: 基于知识转移的视角 [D]. 长春: 吉林大学, 2012: 23 - 32.

[83] 宋河发, 穆荣平, 任中保. 技术开发费150%税前加计扣除政策落实问题分析与对策研究 [J]. 科学学研究, 2009 (27): 1822 - 1828.

[84] 粟进. 科技型中小企业技术创新驱动因素的探索性研究 [D]. 天津: 南开大学, 2014: 8 - 12.

[85] 孙婷, 温军, 秦建群. 金融中介发展、政府干预与企业技术创新——来自我国转轨经济的经验证据 [J]. 科技进步与对策, 2011 (20): 75 - 79.

[86] 孙永尧. 外部融资与经营业绩 [J]. 山西财经大学学报, 2006 (5): 111 - 115.

[87] 谈儒勇. 外部融资与企业成长关系的实证研究 [J]. 证券市场导报, 2001 (2): 23 - 26.

[88] 唐清泉, 甄丽明. 透视技术创新投入的机理与影响因素: 一个文献综述 [J]. 科学学与科学技术管理, 2009 (11): 75 - 80.

[89] 汪秋明, 韩庆潇, 杨晨. 战略性新兴产业中的政府补贴与企业行为——基于政府规制下的动态博弈分析视角 [J]. 财经研究, 2014 (7): 43 - 53.

[90] 王宏起, 孙继红, 李玥. 战略性新兴企业自主创新的税收政策有

效性评价研究［J］. 中国科技论坛，2013（6）：63 - 69.

［91］王进富，李嘉辉，张颖颖. 政策不确定性对企业创新绩效的影响——研发要素区际流动的中介作用［J］. 科技进步与对策，2022（6）：1 - 9.

［92］王俊. R&D 补贴对企业 R&D 投入及创新产出影响的实证研究［J］. 科学学研究，2010（9）：1368 - 1374.

［93］王立军，吴桂英，王泽强. 建立和完善科技型中小企业信用担保体系的对策研究［J］. 中国软科学，2001（3）：39 - 44.

［94］王伟中. 促进科技和金融结合政策文件汇编［M］. 北京：科学技术文献出版社，2011.

［95］王文华，夏丹丹，朱佳翔. 政府补贴缓解研发融资约束效应实证研究——来自高新技术上市公司的经验证据［J］. 科技进步与对策，2014（4）：22 - 26.

［96］王玺，张嘉怡. 促进企业研发创新的税收政策探析［J］. 税务研究，2015（1）：28 - 33.

［97］王亚平. 我国民营科技企业的现状和发展政策建议［J］. 财经问题研究，2000（3）：56 - 58.

［98］王一卉. 政府补贴、研发投入与企业创新绩效——基于所有制、企业经验与地区差异的研究［J］. 经济问题探索，2013（7）：138 - 143.

［99］王珍义，苏丽，陈璐. 中小高新技术企业政治关联与技术创新：以外部融资为中介效应［J］. 科学学与科学技术管理，2011（5）：48 - 54.

［100］王志锋，谭昕. 民营企业在贷款融资中更受歧视吗？——基于土地抵押贷款微观数据的再探讨［J］. 中央财经大学学报，2021（8）：40 - 52.

［101］文芳. 研发投资影响因素及其经济后果［M］. 北京：经济科学出版社，2009.

［102］文学舟，关云素. 江苏小微企业融资影响因素与内外部融资环境优化——基于 177 家小微企业的实证分析［J］. 华东经济管理，2017，31（2）：19 - 26.

[103] 巫强，刘蓓．政府研发补贴方式对战略性新兴产业创新的影响机制研究［J］．产业经济研究，2014（4）：41－49．

[104] 吴琨，舒静．科技型中小企业融资模式研究——基于技术创新生命周期的视角［J］．科技管理研究，2011（12）：177－179．

[105] 吴明隆．问卷统计分析与实务－SPSS 操作与应用［M］．重庆：重庆大学出版社，2010．

[106] 吴延兵．国有企业双重效率损失研究［J］．经济研究，2012（3）：15－27．

[107] 吴延兵．市场结构、产权结构与 R&D——中国制造业的实证分析［J］．统计研究，2007（5）：67－75．

[108] 吴永忠．论技术创新的不确定性［J］．自然辩证法研究，2002（6）：37－39．

[109] 夏力．税收优惠能否促进技术创新——基于创业板上市公司的研究［J］．中国科技论坛，2012（12）：56－61．

[110] 夏怡凡．SPSS 统计分析精要与实例详解［M］．北京：电子工业出版社，2010．

[111] 向坚．技术创新绩效评价研究综述［J］．科技进步与对策，2011（6）：155－160．

[112] 肖红叶．高级微观经济学［M］．北京：中国金融出版社，2003．

[113] 肖鹏，黎一璇．所得税税收减免与企业研发支出关系的协整分析——基于全国 54 个国家级高新区的实证研究［J］．中央财经大学学报，2011（8）：13－17．

[114] 肖兴志，王伊攀，李姝．政府激励、产权性质与企业创新——基于战略性新兴产业 260 家上市公司数据［J］．经济问题研究，2013（12）：26－33．

[115] 解维敏，唐清泉，陆姗姗．政府 R&D 资助，企业 R&D 支出与自主创新——来自中国上市公司的经验证据［J］．金融研究，2009（6）：86－99．

[116] 杨宏进．企业技术创新能力评价指标的实证分析［J］．统计研

究，1998（1）：53-58.

［117］杨梅英，刘旭，蒋占华，等. 企业研发费用税收优惠政策的国际比较与借鉴［J］. 科技管理研究，2014（19）：16-20.

［118］杨其静. 财富、企业家才能与最优融资契约安排［J］. 经济研究，2003（4）：41-50.

［119］杨骞，刘鑫鹏. 中国区域创新效率的南北差异格局：2001—2016［J］. 中国软科学，2021（12）：92-100.

［120］姚王信. 企业知识产权融资研究：理论、模型与影响［D］. 天津：天津财经大学，2011：71-75.

［121］姚王信，苑泽明. 知识产权融资中的担保歧视问题研究［J］. 江西财经大学学报，2012（2）.

［122］叶康涛，张然，徐浩萍. 声誉、制度环境与债务融资［J］. 金融研究，2010（8）：21-32.

［123］于立，肖兴志. 规制理论发展综述［J］. 财经问题研究，2001（1）：17-24.

［124］余东华. 激励性规制的理论与实践述评—西方规制经济学的最新进展［J］. 外国经济与管理，2003（7）：44-48.

［125］余明桂，回雅甫，潘红波. 政治联系、寻租与地方政府财政补贴有效性［J］. 经济研究，2010（3）：6-77.

［126］苑泽明，郭景先. 政府资助对创新投入的影响研究——基于创业板公司非效率创新投资的视角［J］. 证券市场导报，2015（11）：31-36.

［127］张翀，焦伟伟. 风险投资、地区制度环境与区域创新绩效［J］. 财经问题研究，2022（4）：75-82.

［128］张方华. 资源获取与技术创新绩效关系的实证研究［J］. 科学学研究，2006（4）：635-640.

［129］张红凤. 激励性规制理论的新进展［J］. 经济理论与经济管理，2005（8）：63-68.

［130］张济建，章祥. 税收政策对高新技术企业研发投入的激励效应研

究——基于对 95 家高新技术企业的问卷调查 [J]．江海学刊，2010（4）：
229 - 233．

[131] 张继良，李琳琳．R&D 资助差异与企业技术创新阶段的关系研究
[J]．科学学研究，2014（11）：1740 - 1746．

[132] 张利华．华为研发 [M]．北京：机械工业出版社，2009．

[133] 张明喜，王周飞．中关村示范区税收试点政策跟踪与推广路径
[J]．税务研究，2013（3）：14 - 19．

[134] 张琦，陈晓红，蔡神元．"规模歧视"与中小企业信贷融资——
基于湖南中小企业问卷调查数据的实证 [J]．系统工程，2008（11）：61 - 66．

[135] 张同斌，高铁梅．财税政策激励、高新技术产业发展与产业结构
调整 [J]．经济研究，2012（5）：58 - 70．

[136] 张维迎．博弈论与信息经济学 [M]．上海：上海人民出版
社，2012．

[137] 张晓明．基于粗糙集——AHM 的装备制造业企业创新能力价指
标权重计算研究 [J]．中国软科学，2014（6）：151 - 158．

[138] 张信东，贺亚楠，马小美．R&D 税收优惠政策对企业创新产出的
激励效果分析——基于国家级企业技术中心的研究 [J]．当代财经，2014
（11）：35 - 45．

[139] 张兴龙，沈坤荣，李萌．政府 R&D 补助方式如何影响企业 R&D
投入？——来自 A 股医药制造业上市公司的证据 [J]．产业经济研究，2014
（5）：53 - 62．

[140] 赵洪进，岳碧霄，杨奕．风险投资与高新技术产业 R&D 投
入——基于典型相关分析的中国数据实证 [J]．技术经济与管理研究，2013
（12）：41 - 46．

[141] 赵月红，许敏．现行所得税优惠政策对企业 R&D 投入的激励效
应研究——基于上市高新技术企业的面板数据 [J]．科学管理研究，2013
（23）：104 - 107．

[142] 赵增耀，章小波，沈能．区域协同创新效率的多维溢出效应

［J］. 中国工业经济，2015（1）：32 - 44.

［143］赵中华，鞠晓峰. 技术溢出、政府补贴对军工企业技术创新活动的影响研究——基于我国上市军工企业的实证分析［J］. 中国软科学，2013（10）：124 - 133.

［144］中小企业上市资源调研小组. 科技型中小企业上市融资问题调研报告［J］. 证券市场导报，2005（8）：4 - 9.

［145］钟田丽，马娜，胡彦斌. 企业创新投入要素与融资结构选择——基于创业板上市公司的实证检验［J］. 会计研究，2014（4）：66 - 73.

［146］周方召，符建华，仲深. 外部融资、企业规模与上市公司技术创新［J］. 科研管理，2014（3）：116 - 122.

［147］周黎安，罗凯. 企业规模与创新：来自中国省级水平的经验证据［J］. 经济学（季刊），2005（3）：623 - 638.

［148］周亚虹，蒲余路，陈诗一. 政府扶持与新型产业发展——以新能源为例［J］. 经济研究，2015（6）：148 - 161.

［149］周志明，陈敏. 保险市场中的信号传递博弈模型［J］. 统计与决策，2007（7）：24 - 26.

［150］朱平芳，徐伟民. 政府的科技激励政策对大中型工业企业 R&D 投入及其专利产出的影响［J］. 经济研究，2003（6）：45 - 53.

［151］朱云欢，张明喜. 我国财政补贴对企业研发影响的经验分析［J］. 经济经纬，2010（5）：77 - 81.

［152］祝继高，陆正飞. 融资需求、产权性质与股权融资歧视——基于企业上市问题的研究［J］. 南开管理评论，2012（4）：141 - 150.

［153］邹彩芬，刘双，王丽，等. 政府 R&D 补贴、企业研发实力及其行为效果研究［J］. 工业技术经济，2013（10）：117 - 125.

［154］Adelman Philip J, Alan M. Marks. Entrepreneurial Finance：Finance for Small Business［M］. Prentice Hall，2002.

［155］Aerts K, Czarnitzki D. Using innovation survey data to evaluate R&D policy：the case of Belgium［J］. ZEW Discussion Paper，2004（4）：32 - 55.

［156］ Allen F, J. Qian, M. J. Qian. Law Finance and Economics Growth in China ［J］. Journal of Financial Economics, 2005, 77 (1): 57 – 116.

［157］ Ang J, Lin. J, Tyler F. Evidence on the lack of separation between business and personal risks among small business ［J］. Journal of Small Business Finance, 1998 (3): 197 – 210.

［158］ Bai F, Shang M, Huang Y. Corporate culture and ESG performance: Empirical evidence from China ［J］. Journal of Cleaner Production, 2024, 437: 140732.

［159］ Bai F, Shang M, Huang Y, et al. Digital investment, intellectual capital and enterprise value: evidence from China ［J］. Journal of Intellectual Capital, 2024, 25 (1): 210 – 232.

［160］ Balkin D B, Markman G D, Gomez-Mejia L R. Is CEO pay in high technology firms related to innovation? Some empirical evidence ［J］. Academy of Management Journal, 2000 (43): 1118 – 1129.

［161］ Becerra O, Cavallo E, Scartascini C. The politics of financial development: The role of interest groups and government capabilities ［J］. Journal of Banking & Finance, 2012 (3): 626 – 643.

［162］ Berger, Allen N, Frame W. Small Business Credit Scoring and Credit Availability ［J］. Journal of Small Business Management, 2008 (1): 5 – 22.

［163］ Berger, Allen N, Goulding, et al. Do small businesses still prefer community banks? ［J］. Journal of Banking & Finance, 2014 (44): 264 – 278.

［164］ Berger A N, Udell F. The economics of small business finance: the role of private equity and debt markers in the financial growth cycle ［J］. Journal of Banking and Finance, 1998 (22): 613 – 673.

［165］ Berger A N, Udell G F. A more complete conceptual framework for SME finance ［J］. Journal of Banking and Finance, 2006 (30): 2945 – 2966.

［166］ Berger A N, Udell G F. Relationship lending and lines of credit in small firm finance ［J］. Journal of Business, 1995 (68): 351 – 382.

［167］ Berube, Mohnen. Are firms that receive R&D subsidies more innovative? ［J］. Canadian Journal of Economics, 2009（42）: 207 – 223.

［168］ Bettignies J E, Brander J. Financing Entrepreneurship: Bank Finance versus Venture Capital ［J］. Journal of Business Venturing, 2007（22）: 808 – 832.

［169］ Bharath S T, Pasquariello P, Wu G J. Does asymmetric information drive capital structure decisions? ［J］. Review of Financial Studies, 2009（8）: 3211 – 3043.

［170］ Burgelman R A, Christensen C M, Wheelwright S C. Strategic management of technology and innovation ［J］. Production Economics, 2004（5）: 45 – 65.

［171］ Buzzacchi, Luigi, Scellato. The investment strategies of publicly sponsored venture capital funds ［J］. Journal of Banking & Finance, 2013（37）: 707 – 716.

［172］ Cannone G, Ughetto E. Funding Innovation at Regional Level: An Analysis of a Public Policy Intervention in the Piedmont Region ［J］. Regional Studies, 2014（2）: 270 – 283.

［173］ Casamatta, Catherine. Financing and advising: optimal financial contracts with venture capitalists ［J］. Journal of Finance, 2003（5）: 2059 – 2086.

［174］ Cavalluzzo K, Wolken J. Small business loan turndowns, personal wealth, and discrimination ［J］. Joural of Business, 2005（78）: 2153 – 2178.

［175］ Charles Bérubé, Pierre Mohnen. Are firms that receive R&D subsidies more innovative? ［J］. Canadian Journal of Economics, 2009（1）: 206 – 225.

［176］ Chen C T, Chien C F, Lin M H. Using DEA to Evaluate R&D Performance of the Computers and Peripherals Firms in Taiwan ［J］. International Journal of Business, 2004（4）: 261 – 288.

［177］ Christensen C, Raynor M. The Innovators Solution: Creating and Sustaining Successful Growth [J]. Research Policy, 2003 (5): 243 – 265.

[178] Claessens S, Feijen E, Laeven L. Political connections and preferential access to finance: The role of campaign contributions [J]. Journal of Financial Economics, 2007 (79): 181 – 218.

[179] Colombo M, Croce A, Guerini M. Is the Italian Government effective in relaxing the financial constraints of high technology firms [J]. Prometheus, 2012 (1): 73 – 96.

[180] Cristian-Ionuţ Ivanov, Silvia Avasilcăi, Silvia Avasilcăi. Measuring the performance of innovation processes: A Balanced Scorecard perspective [J]. Procedia-Social and Behavioral Sciences, 2014 (109): 1190 – 1193.

[181] Cruz-Cázaresa C, Bayona-Sáezb C, García-Marcob T. You can't manage right what you can't measure well: technological innovation efficiency [J]. Res. Policy, 2013 (42): 1239 – 1250.

[182] Cumming, Douglas J. Government Policy Towards Entrepreneurial Finance Innovation Investment Funds [J]. Journal of Business Venturing, 2007 (22): 193 – 235.

[183] Czarnitzki D, Hottenrott H, Thorwarth S. Industrial research versus development investment: the implications of financial constraints [R]. Cambridge Journal of Economics, 2011 (3): 527 – 544.

[184] Czarnitzki D, Toole A A. Business R&D and the interplay of R&D subsidies and product market uncertainty [R]. Review of Industrial Organization, 2007 (3): 169 – 181.

[185] DaRin, Marco, Nicodano. Public Policy and the Creation of Active Venture Capital Markets [J]. Journal of Public Economics, 2006 (90): 1699 – 1723.

[186] Datar S, Kekre C C, Rajiv S, et al. Advantages of time-based product development in a fast cycle industry [J]. Journal of Marketing Research, 1997 (34): 36 – 49.

［187］ Diamond A M. Does federal funding "crowd in" private funding of science ［J］. Contemporary Economic Policy, 1999 (4): 423 – 431.

［188］ Duguet E. Are R&D subsidies a substitute or a complement to privately funded R&D? Evidence from France using propensity score methods for non-experimental data ［J］. Revue d'Economie Politique, 2004 (2): 263 – 292.

［189］ Eric Hansen. Innovativeness in the face of decline: performance implications ［J］. International Journal of Innovation Management, 2014 (5): 145 – 166.

［190］ Eric Mankin. Measuring Innovation Performance ［J］. Research of Technology Management, 2007 (11): 5 – 7.

［191］ Ernst H. Patent applications and subsequent changes of performance: evidence from time-series cross-section analyses on the firm level ［J］. Research Policy, 2001 (1): 143 – 157.

［192］ Freeman C. Soete L L. The economics of industrial innovation ［M］. London and New York: Routledge, 1997.

［193］ Galindo A. and F. Schiantarelli. Credit Constraints and Investment in Latin America ［M］. Published by Inter-American Development Bank, 2003.

［194］ Givoly D, Hayn C, Ofer A R, et al. Taxes and Capital Structure: Evidence from Firms' responses to the Tax Reform Act of 1986 ［J］. Review of Financial studies, 1992 (2): 331 – 355.

［195］ Gong Huang, Wang Xin-yu. Measure and evaluation of efficiency of regional technical innovation Jiangsu province ［J］. Journal of China University of Mining & Technology, 2004 (6): 26 – 32.

［196］ Graham J, Harvey C R. The theory and practice of corporate finance: evidence from the field ［J］. Journal of Financial Economics, 2001 (60): 187 – 243.

［197］ Gregory B, Rutherford M, Oswald S, et al. An empirical investigation of the growth cycle theory of small firm financing ［J］. Journal of Small Business Management, 2005 (4): 382 – 392.

[198] Griliches Z. Patent Statistics as Economic Indicators: A Survey [J]. Journal of Economic Literature, 1990 (4): 1661 – 1707.

[199] Griliches Z. Productivity R&D and the Data Constraint [M]. American Economic Review, 1994.

[200] Guellec D, Pottelsberghe B. The impact of public R&D expenditure on business R&D [M]. Economics of Innovation and New Technologies, 2003 (3): 225 – 244.

[201] Hall, Bronwyn H, Maffioli, et al. Evaluating the Impact of Technology Development Funds in Emerging Economies: Evidence from Latin America [J]. NBER Working Paper, 2008: 13835.

[202] Hausman J, Hall B, Griliches Z. Econometric Model for Count Data with an Application to Patent R&D Relationship [J]. Econometrica, 1984 (52): 909 – 938.

[203] Hellman T, Puri M. Venture capital and the professionalization of start-up firms [J]. Journal of Finance, 2002 (57): 169 – 197.

[204] Hung-Jen, Wang. Symmetric information and credit rationing: graphical demonstrations [J]. Financial Analysts Journal, 2000 (2): 85 – 95.

[205] Hutchinson T, PURI M. Venture capital and the professionalization of start-up firms [J]. Journal of Finance, 2006 (57): 169 – 197.

[206] Jain B A. Predictors of performance of venture capital is backed organizations [J]. Journal of Business Research, 2001 (52): 223 – 233.

[207] Jefferson G H, Bai H M, Guan X J. R&D performance in Chinese industry [J]. Economics of Innovation and New Technology, 2006 (15): 345 – 366.

[208] Johan, Sofia Cumming, Douglas J. Pre-Seed Government Venture Capital Funds [J]. Journal of International Entrepreneurship, 2008 (12): 24 – 35.

［209］Kleer，Robin. Government R&D subsidies as a signal for private investors［R］. Research Policy, 2010（39）: 1361 – 1374.

［210］Laffont J J, J. Tirole. Using cost observation to regulate firms［J］. Journal of Political Economy, 1986（3）: 614 – 641.

［211］Laffont J J, Tirole J. The Politics of government decision-making: a theory of regulation capture［J］. The Quarterly Journal of Economics, 1991（4）: 1089 – 1127.

［212］La Rocca M, La Rocca T, Canola A. Capital Structure Decisions During a Firm's Life Cycle［J］. Small Business Economics, 2011, 37（1）: 107 – 130.

［213］Lerner, Josh, Tåg, et al. Institutions and Venture Capital［J］, Industrial and Corporate Change, 2013（22）: 153 – 182.

［214］Li Z, Lin B Q. Spatial analysis of mainland cities' carbon emissions of and around Guangdong-Hong Kong-Macao Greater Bay area［J］. Sustainable Cities and Society, 2020（61）: 145 – 165.

［215］Mason C M, Harrison R T. Closing the regional equity gap? A critique of the department of trade and industry's regional venture capital funds initiative［J］. Regional Studies, 2003（37）: 855 – 868.

［216］Mateev M, Panikkos P, Ivanov K. On the Determinants of SMEs Capital Structure in Central and Eastern Europe: A Dynamic Panel Analysis［J］. Research in International Business and Finance, 2013（1）: 28 – 51.

［217］Medcof, John W. Identifying super-technology'industries［J］. Research Technology Management, 1999（4）: 31 – 36.

［218］Minettir, Herreraam. Informed finance and technological change: evidence from credit relationships［J］. Journal of Financial Economics, 2015, 83（1）: 223 – 269.

［219］Nam Richard E Ottoo, John Thornton J. The Effect of Managerial Incentives to Bear Risk on Corporate Capital Structure and R&D Investment［J］.

The Financial Review, 2003 (38): 77 – 101.

[220] Nicholas O'Regan, Martin A. Identifying high technology small firms: A sectoral analysis [J]. Technovation, 2008 (28): 408 – 423.

[221] Nsaierowski W, Arcelus F J. On the efficiency of national innovation systems [J]. Socio-economic Planning Sciences, 2003 (37): 215 – 234.

[222] Peters B. Innovation and Firm Performance: An Empirical Investigation for German Firms [J]. Mannheim: A Springer Company, 2008 (11): 45 – 65.

[223] Porter M E. Clusters and the new economics of competition [J]. Harvard Business Review, 1998 (11): 77 – 90.

[224] Sanchez R. Strategic flexibility in product competition [J]. Strategic Management Journal, 1995 (16): 135 – 159.

[225] SmithRichard L, Janet Kiholm Smith. Entrepreneurial Finance [M]. John Wiley, 2000.

[226] Sokic A. Cost Efficiency of the Banking Industry and Unilateral Euroisation: A Stochastic Frontier Approach in Serbia and Montenegro [J]. Economic Systems, 2015, 39 (3): 541 – 551.

[227] Song Z, Storesletten K, Zilibotti F. Growing Like China [J]. The American Economic Review, 2011 (1): 196 – 233.

[228] Tsai Y, Lin J Y, Kurekova L. Innovative R&D and optimal investment under uncertainty in high-tech industries: An implication for emerging economies [J]. Research Policy, 2009 (8): 1388 – 1395.

[229] Uesugi I, Yamashiro G M. The Relationship between Trade Credit and Loans: Evidence from Small Businesses in Japan [J]. International Journal of Business, 2008 (2): 141 – 163.

[230] Wang E C, Huang W. Relation efficiency of R&D activities: A cross-country study accounting for environment factors in the DEA approach [J]. Research Policy, 2007 (36): 260 – 273.

［231］ Watson, Robert, Nick Wilson. Small and Medium Size Enterprise Financing: A Note on Some of the Empirical Implications of a Pecking order ［J］. Journal of Business & Accounting, 2002 (4): 557 - 578.

［232］ Willamson. The Mechanism of Governance ［M］. New York, Oxford University Press, 1996.

［233］ Zhu P, Xu W, Lundin N. The impact of government's fundings and tax incentives on industrial R&D investments. Empirical evidences from industrial sectors in Shanghai ［J］. China Economic Review, 2006 (1): 51 - 69.

附　录

尊敬的企业负责人：

您好！感谢您在百忙之中抽出时间，填写本调查问卷。调查结束后，我们将向您反馈报告（电子版）。若您希望获得本次调查的结果，请在问卷结尾处留下电子邮箱。本问卷目的是了解我市科技型中小企业在产品、工艺、组织、营销等方面的创新活动情况。我们将妥善使用您所提供的宝贵信息，并承诺不向任何无关机构和个人透漏。为确保问卷质量，要求由了解企业创新全面情况的企业负责人填写。未有特殊说明，本问卷均为单项选择。

科技型中小企业创新调查问卷

企业详细名称：　　　　　　　　　　　组织机构代码：□□□□□□□□ - □

	一、贵公司的基本信息
01	企业负责人情况：（请您在选项处打"√"标记） （1）性别：　○男　　○女 （2）年龄：　○ 25 岁及以下　○ 26～29 岁　○ 30～35 岁　○ 36～39 岁　○ 40～49 岁 　　　　　○ 50～59 岁　○ 60 岁及以上 （3）民族： （4）教育程度：　○博士　○硕士　○本科　○大专　○其他（请说明）＿＿＿＿＿＿ 　　最高学历毕业学校：＿＿＿＿＿＿＿＿＿＿＿＿ （5）截至 2014 年 12 月，您担任本企业负责人的时间累计长＿＿＿＿年（取整数）。 （6）您是否兼任技术负责人？　　　　　○是　　○否 （7）您是否亲自创办本企业？　　　　　○是　　○否 （8）您持有本企业的股份比例是多少？ ○100%　　　　　　○大于 50%　　　　　　○小于 50%，但为第一大股东 ○小于 50%，且不是第一大股东　　　　　○不持有股份 （9）担任本企业负责人之前是否曾经创业？　　　　○是　　○否

续表

	一、贵公司的基本信息
02	企业员工情况： （1）企业期末员工总人数：＿＿＿＿＿＿＿＿＿＿＿＿（位）； 　　　其中：博士毕业人数＿＿＿＿＿＿；硕士毕业人数＿＿＿＿＿＿＿＿＿； 　　　本科毕业人数＿＿＿＿＿＿；本科以下员工数＿＿＿＿＿＿＿＿＿＿。 （2）企业员工中从事科技活动人员数＿＿＿＿＿＿＿＿＿＿＿＿（人）； （3）企业外聘人员期末数＿＿＿＿＿＿＿＿＿＿＿＿（人）； （4）企业期末员工中留学人员数＿＿＿＿＿＿＿＿＿＿＿＿（人）。
03	企业所属行业情况：（请您根据贵公司主营业务在下列选项中打"√"标记） （1）农林牧渔业〇 （2）高新技术产业： 航空航天产业〇；装备制造业〇；电子信息产业〇；生物医药产业〇 （3）传统产业：石油化工产业〇；装备制造业〇；电子信息产业〇；生物医药产业〇； 新能源新材料〇；轻纺工业〇；其他工业〇 （4）服务业： 科学研究和技术服务业与信息传输〇；软件和信息技术服务业〇；其他产业〇
04	企业其他信息：（请您在选项处打"√"标记） （1）企业类型：内资企业〇；港澳台商投资企业〇；其他外资企业〇 （2）企业股权性质：私有企业〇；国有企业〇 （3）企业注册区县：＿＿＿＿＿＿＿＿＿＿＿＿（区或县） （4）企业开业（成立）时间：＿＿＿＿年＿＿＿＿月
	二、财税政策情况
01	2013～2014年，企业享受了以下哪些政策？（请您在选项处打"√"标记，可多选） □ 01 企业研发费用加计扣除税收优惠政策，抵扣税额为＿＿＿＿＿＿（千元）； □ 02 高新技术企业所得税减免政策，减免税额为＿＿＿＿＿＿＿＿（千元）； □ 03 政府财政政策（包括项目资助、政府补贴、政府科技奖励以及政府购买等），共获得政府资金额为＿＿＿＿＿＿＿＿＿＿＿＿＿＿＿＿（千元）； □ 04 未享受过以上政策
02	没有获得上述政策的原因：（请您在选项处打"√"标记，可多选） （1）若没选择"研发费用加计扣除税收优惠政策"，最主要的原因是： 〇不知道此政策　〇不具备享受该政策的资格　〇吸引力不足　〇办理手续烦琐 〇政府部门政策执行力度不够　〇政策出台不及时　〇其他原因（请说明）＿＿＿＿ （2）若没选择"高新技术企业所得税减免政策"，最主要的原因是： 〇不知道此政策　〇不具备享受该政策的资格　〇吸引力不足　〇办理手续烦琐 〇政府部门政策执行力度不够　〇政策出台不及时　〇其他原因（请说明）＿＿＿＿ （3）若没选择"政府财政政策"，最主要的原因是： 〇不知道此政策　〇不具备享受该政策的资格　〇吸引力不足　〇办理手续烦琐 〇政府部门政策执行力度不够　〇政策出台不及时　〇其他原因（请说明）＿＿＿＿

续表

三、创新情况

创新投入	（1）企业内部科研活动的经费支出＿＿＿＿＿＿＿＿（千元）； 其中：人员人工费（包括各种补贴）＿＿＿＿＿＿＿＿（千元） （2）委托外单位科技活动的经费支出＿＿＿＿＿＿＿＿（千元）； 其中：对境内研究机构支出＿＿＿＿＿＿＿＿（千元）； 对境内高等学校支出＿＿＿＿＿＿＿＿（千元）
创新能力	（1）专利申请数＿＿＿＿＿＿＿＿（件），其中发明专利申请数＿＿＿＿＿＿＿＿（件）； （2）专利授予数＿＿＿＿＿＿＿＿（件），其中发明专利授予数＿＿＿＿＿＿＿＿（件）； （3）拥有注册商标＿＿＿＿＿＿＿＿（件）； （4）形成国家或行业技术标准数＿＿＿＿＿＿＿＿（件）
创新产出	产品创新：（请您根据下述定义在选项处打"√"标记，可多选） 产品创新是指企业推出了全新的或有重大改进的产品（以下简称新产品）。新产品的"新"要体现在产品的功能或特性上，包括在技术规范、材料、组件、用户友好性等方面有重大改进的产品。不包括仅有外观变化或其他微小改变的产品，也不包括直接转销的产品。 2013～2014年，本企业是否向市场推出了新产品？　○是　○否 工艺创新：（请您根据下述定义在选项处打"√"标记，可多选） 工艺创新是指企业采用了全新的或有重大改进的生产方法、工艺设备或辅助性活动。工艺创新的"新"要体现在技术、设备或流程上；它对本企业而言必须是新的，但对于其他企业或整个市场而言不一定是新的。不包括单纯的组织管理方式的变化。 （1）2013～2014年，本企业是否采用了新的或有重大改进的生产工艺？　○是　○否 （2）2013～2014年，本企业是否采用了新的或有重大改进的辅助性活动（如采购、物流、财务、信息化等）？　○是　○否 组织创新：（请您根据下述定义在选项处打"√"标记，可多选） 组织创新是指企业采取了此前从未使用过的全新的组织管理方式，主要涉及企业的经营模式、组织结构或外部关系等方面。不包括单纯的合并或收购。组织创新应是企业管理层战略决策的结果。 （1）2013～2014年，本企业是否在经营模式方面采用了新的组织管理方式（如：供应链管理、质量管理、信息共享制度等方式的首次使用）？　○是　○否 （2）2013～2014年，本企业是否在组织结构方面实现了新的组织管理方式（如：机构设置、职责划分、权限管理、决策方式等方式的首次使用）？　○是　○否 （3）2013～2014年，本企业是否在处理与其他企业或公共机构的外部关系上采用了新的方式（如：商业联盟、新式合作、外包或分包等方式的首次使用）？　○是　○否

续表

三、创新情况

<table>
<tr>
<td rowspan="8">创
新
产
出</td>
<td>营销创新：（请您根据下述定义在选项处打"√"标记，可多选）
营销创新是指企业采用了此前从未使用过的全新的营销概念或营销策略，主要涉及产品设计或包装、产品推广、产品销售渠道、产品定价等方面。不包括季节性、周期性变化和其他常规的营销方式变化。
（1）2013～2014 年，本企业是否采用了全新的产品外观设计或包装（不包括对产品功能和使用特性的改变）？　〇是　〇否
（2）2013～2014 年，本企业是否在产品推广上采用了新的媒体、技术或手段（如新型广告媒体、全新品牌形象、推出会员卡等方法的首次使用）？　〇是　〇否
（3）2013～2014 年，本企业是否在产品销售渠道上采用了新方式（如直销、特许经营、独家零售、电子商务等方法的首次使用）？　〇是　〇否
（4）2013～2014 年，本企业是否在产品定价上采用了新方法（如自动调价、折扣系统等方法的首次使用）？　〇是　〇否</td>
</tr>
</table>

四、企业财务情况

为确保问卷质量，下面表格中的财务信息希望由了解企业统计或财务人员填写。

特别说明的是：1. 指标均填写 2014 年当年值；2. 如某项指标值没有，须填"0"。

指标名称	计量单位	本年实际	指标名称	计量单位	本年实际
一、财务情况	——	——	二、本年度获得外部资金额	千元	
资产总额	千元		"周转资金"项目贷款额	千元	
流动资产	千元		科技"打包贷款"	千元	
固定资产原价	千元		专利权质押贷款	千元	
其中：房屋建筑物等	千元		"天使资金"项目获得资金	千元	
仪器和设备	千元		股权投资金额	千元	
负债总计	千元				
流动负债	千元				
主营业务收入	千元				
利润总额	千元				
税后净利	千元				